The Twins, The Dream

TWO VOICES

Las Gemelas, El Sueño

DOS VOCES

Arte Público Press
Houston, Texas
1996

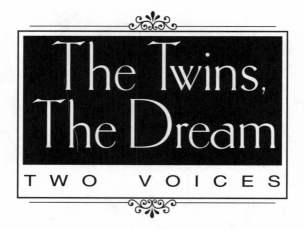

The Twins, The Dream

TWO VOICES

Poems by Diana Bellessi and Ursula K. Le Guin

Cruising The Equator
by Diana Bellessi, translated by UKL

Nobody Gets In Here With Words
by Diana Bellessi, translated by UKL

Días de Seda
by Ursula K. Le Guin, translated by DB

Las Gemelas, El Sueño

DOS VOCES

Poemas de Diana Bellessi y Ursula K. Le Guin

Crucero Ecuatorial
de Diana Bellessi, traducidos por UKL

Tributo del Mudo
de Diana Bellessi, traducidos por UKL

Silk Days
de Ursula K. Le Guin, traducidos por DB

This volume is made possible through grants from the Cultural Arts Council of Houston/Harris County, the National Endowment for the Arts (a federal agency) and the Andrew W. Mellon Foundation.

Recovering the past, creating the future

Arte Público Press
University of Houston
Houston, Texas 77204-2090

Cover design by Gladys Ramirez
Original art by Jorge Drosten
Book design by Debora Fisher

Bellessi, Diana, 1946-
   The twins, the dream--two voices / by Diana Bellessi and Ursula K. Le Guin = Las gemelas, el sueño--dos voces.
      p. cm.
   ISBN 1-55885-170-4 9cloth : alk. paper). --ISBN 1-55885-179-8 (pbk. : alk. paper)
   1. Bellessi, Diana, 1946- --Translations into English. 2. Le Guin, Ursula K., 1929- --Translations into Spanish. I. Le Guin, Ursula K., 1929- . II. Title.
PQ7798.12.E3943A24 1996
861--dc20   96-16944
                                                     CIP

The paper used in this publication meets the requirements of the American National Standard for Permanence of Paper for Printed Library Materials Z39.48-1984. ♾

Crucero Ecuatorial and *Tributo del Mudo* were first published in Buenos Aires by Ediciones Sirirí in 1981 and 1982. Both were reprinted by Libros de Tierra Firme, Buenos Aires, in 1994.

Crucero Ecuatorial y *Tributo del Mudo* aparecieron publicados separadamente por Ediciones Sirirí, Buenos Aires, en 1981 y 1982. Ambos libros fueron reimpresos en un solo volumen por Libros de Tierra Firme, Buenos Aires, 1994.

The poems of *Silk Days* were selected by the translator from several books by the author.
Numbers 1-6 are from *Hard Words*, Harper & Row, 1981.
Numbers 7-20 are from *Wild Oats and Fireweed*, Harper & Row, 1988.
Number 21 has not been previously published.
The last three are from *Going Out with Peacocks*, HarperCollins, 1994.
An edition of *Días de Seda* was published in Argentina by Nusud, 1993.

Los poemas de *Días de Seda* fueron seleccionados por la traductora de varios libros.
Nos. 1-6 pertenecen a *Hard Words*, Harper & Row, 1981.
Nos. 7-20 pertenecen a *Wild Oats and Fireweed*, Harper & Row, 1988.
No. 21 no ha sido publicado previamente.
Nos. 22-24 pertenecen a *Going Out with Peacocks*, HarperCollins, 1994.
Una edición de *Días de Seda* fue publicada en Argentina por Nusud, 1993.

Table of Contents

Indice

About Translating Diana
by Ursula

She wrote me letters about my books, funny, crazy, fascinating letters I had to answer. We wrote back and forth. She made my letters crazy too, and I loved writing her. That was fun, that was easy. All words. I love words.

Then all of a sudden she writes, *I'm coming to see you. I'm arriving from Florida on the plane.* Now I was scared. Now it wasn't a game of words any more, now it was a person, some crazy poet from Argentina flying into my life, disarranging me. What do I do with her, what do I say to her, what does she want from me? I'm in the middle of a book and I don't want to stop for a stranger. She thinks she's coming to see the dream-hero she's made me into in her mind, and she'll find a middle-aged housewife who's afraid of people, shy, selfish, no kind of hero, and she'll be disappointed, I'll let her down, oh, why is she coming?

I knew her the moment I saw her among the people coming off the plane, tawny, a small puma woman, beautiful, with a beautiful smile full of diffidence and pain.

We talked, we read our poems to each other. She laughed easily, she cried easily, she read her poetry in her lovely husky voice. We have met twice again since then, laughed and cried and read poetry. We always write, but our letters get lost because the Argentinian Post Office does something with them other than delivering them, and so half the time we don't know how things are going with the other one. Usually it goes along pretty much the same here with me, but in Argentina things have been bad, there have been times I worried about her, not hearing, not knowing. We send registered letters saying Dear One Are you all right?

I learned French well long ago, Italian not so well. All the little Spanish I know I taught myself from books. Late in life I discovered that I could stumble along through Spanish translations of my own novels. So I tried Diana's compatriot Jorge Luís Borges, with the dictionary at hand, and soon cried Aha! How clever I am! I can read Spanish! But then I tried other writers, and found I was not so clever. Is it because Borges spoke English before Spanish that his writing is so lucid to us, or is it the great purity of his diction? I don't know. I do know that I still don't know Spanish, that Neruda is very hard for me to read and Gabriela Mistral is very very hard for me to read, that I cannot speak the language, and that I have no right at all to translate from it.

But I began to play with Diana's poems, just to see if I could understand them, for my own pleasure. She had been translating some of my poems, and I longed to be able at least to read hers. Though all her later books were far beyond me, their allusive usage and syntactic subtlety demanding a true, intimate knowledge of her Argentinean Spanish, I found to my great joy that the first two were accessible if I was methodical about looking up the words. I got a better Spanish-English dictionary and set to making English versions.

Translating is a way of making a foreign-language poem part of yourself. Spanish isn't the only language I don't know that I have translated from. This sounds foolish or boastful. I'm not Ezra Pound. What I mean is, I read the extant translations, and sometimes none of them seems quite right, so I begin to collate and change them, referring back to the original to pick up any words, repetitions, echoes, resonances that I can. I have done this with Lao Tzu for years (and have finally begun to do it methodically.) I have done it with Rilke. The Macintyre translation of the *Duino Elegies* is the only one I can stand; the others all seem more interference than transference. Rilke's French poems I could and did genuinely translate, but I don't know German at all, and so with several of the *Elegies* I have used Macintyre as a guide to making, not a translation, but my own private Rilke. I think this is a legitimate exercise. So, since I knew Spanish better than I do German, and a whole lot better than I do Ancient Chinese, I thought maybe I could get at Diana's poems in the same way, even without any translation as a guide.

I fell in love with them at once, and went on scribbling translations, every line a discovery, a shock of surprise and satisfaction. Nothing so restores the miraculousness of language as reading real poetry in a language you don't really know. It's like being two years old again. The words blaze out, they live lives of their own, mysterious, amazing.

I confessed to Diana what I was doing, and began to send her my scribbles. She sent them back with suggestions and explanations. She set my verbs straight when I thought *hear* meant *sit*, or got the right verb in the wrong person, tense, and number. It's not so much fun, maybe, being chewed up by the two-year-old. But she was joyously patient, and I blundered joyously on.

I would never have shown my versions to anyone but her, let alone print them, if she had not worked on them with me (always through the maddening unreliable mail), correcting, suggesting, and finally approving. These translations—hers of me, mine of her—are collaborations in the truest sense of the word. We worked together.

Crucero Ecuatorial is a very young book, and I love the young Diana who wrote it, long before I knew her—this little lioness going lithe and fearless along the roads of the Americas, looking at old Nazis and young fishermen and Peruvian prizefighters, laughing, sleeping in ancient sacred places, seeing the "cracked, bare, quick, flat" feet of the fieldworkers, seeing everything tenderly and calmly with her golden eyes.

Tributo del Mudo comes from troubled times and was written, though only a couple of years later, by a maturer woman. The delicate Chinese echoes of its first pieces lead to increasingly rich, powerful, complex work, which I have found, as I worked on it over and over, to be inexhaustibly satisfying.

Translating is an excellent test of a poem. Sometimes they wear thin as you rub and polish and scrape and adjust your version. None of the later poems in *Tributo* have worn thin; they have only grown in nuance and resonance as I grow able to go deeper into them. The political terror of the years when they were written is touched on only by the lightest allusions in the second part, but like a drop of red dye those few lines color and darken the whole book. The passion and strangeness of the dream poems in the third part leads on to the radiant intensity of the love poems and the earthy-transcendent splendor of the final and my favorite, "Isla."

Gracias, mi puma de oro, por el regalo de tu poesía y de tu corazón.

—Tu osita vieja

Traduciendo a Ursula
por Diana

buenos aires, 23 de octubre de 1994

❧

Querida mía, es una dulce mañana de octubre, domingo somnoliento sobre las calles aún silenciosas. Salgo a caminar y mis pasos me llevan al verde, el Bótanico primero y el "bosque" después, así llamamos a estos parques: bosques de Palermo. Cuando dejé la isla y anclé en la ciudad, me acerqué a ellos lo más que pude, pero ahora hace meses que no vengo por aquí. Cada día salgo a vigilar los árboles en los alrededores de mi casa. Veo nacer los primeros verdes, delicadas filigranas casi invisibles, y su avance mágico, extraordinario, en coronas de hojas cuya variedad no cesa de maravillarme. Déjame que te los nombre en mi propria lengua: fresnos, arces, plátanos, paraísos, son los que abundan en las calles, y de pronto un tilo, un árbol de Judea, el aura de un sauce. He caminado estas semanas bajo la embriaguez de los paraísos en flor, detenida frente al rosa único de los lapachos, y aún vendrán los jacarandaes azules de noviembre cuando las avenidas parecen un mar derramado, y después las tipas de fulgor amarillo. Mis pasos me llevan al bosque y ya en él, como otras veces, lloro. De una felicidad inexpresable. Sin entender por qué me aparto de aquí. Todo lo que he hecho en mi vida ha sido, por alejarme de él, por retornar a él, el verde.

Sentada en la casa de té mientras bebo el dorado verde con arroz, dos gatos enormes se acechan sobre la breve colina artificial del jardín japonés: uno negro y el otro blanco, perfectos, saltan como en un sueño. Mi only One: vos no fuiste para mí tus personajes, fuiste el bosque entero. La primera cartita que te envié en octubre, quince años atrás, cuando aún vivía en la isla fue, más que una cartita una cajita, lanzada al aire a través del continente, a la dirección de una pequeña editorial de California, Capra, donde habías publicado *Wild Angels*, libro que traje conmigo de un viaje. Empezó por la poesía ¿ves?. Nunca terminaré de agradecerle a quien te la haya enviado. La cajita llevaba los capullos aterciopelados, de oro oscuro, que guardan los hojas de los plátanos y estallan y caen suavemente cuando las hojitas pueden salir al aire. Tienen un olor almizclado, intenso. Eran las joyas que te enviaba desde el Paraná. Una nota decía What are you doing me? Me respondiste de inmediato con otra cajita que encerraba una pequeña rama del desierto de Oregon, intensamente perfumada también. Casi sin palabras, pura materialidad del mundo que las dos amamos. Pero yo venía de todas tus palabras. He leído tu obra completa hasta aquí

¿sabías? Y aún anhelo tus originales. No, nunca fuiste tus personajes. Fuiste el Bosque, y yo tus personajes. Simultáneamente eras persona, quien escribía esos libros maravillosos, quien sabía de mí de tal manera, quien sabe aún. Habías encontrado a tu lectora. Te inmanté de toda sabiduría y toda aventura. Y aún creo que la poseés. Aún hoy que sos también, mi amiga, mi hermana mayor del Norte, y en algún lugar mi Twin dentro del Dream. En algún lugar también, supe que yo tenía la inconsciente fortaleza de la Tonta: vos creabas mundos distantes y yo viajaba hacia ellos con mi cuerpo para tocarlos. Vos escribías historias extraordinarias y yo mencionaba apenas con las palabras lugares e historias que debía primero atravesar para capturar algo, tenue con las palabras en el vasto hiato del poema. Silencio interrumpido por lo mínimo de la lengua. Para nombrar qué? El Bosque, y retornar a él. El Bosque que vos, desplegás con lujo ante mis ojos de lectora cuando narrás, y que se fuga con su toque misterioso en tus poemas, sobre todo aquellos que más amo. Así empecé a traducirte: para entrar allí.

Primero, ¿fue todo de palabra? Quizás. Luego forcé nuestro encuentro y no fue miserable, fue hermoso. Nos volvimos completamente personas, nos volvimos responsables de nuestro amor, y en él tuvo cabida Charles, y Elizabeth y Caroline y Theo y los gatos y tu casa y el bosque junto a tu casa. Y el rancho del Napa Valley donde tradujiste *Crucero*, y tus hermanos y tu madre y tu padre. Lloré escuchando la voz de Ishi en el museo de Berkeley. Amiga mía, ha sido de palabra y no sabemos, qué resuena, de los ríos de la mente y del corazón en las palabras.

Te contaré ahora qué pienso sobre la traducción de poesía, cuando, como en nuestro caso, elegimos a quien nos habla para hacerlo hablar. Se torna, quizás, la experiencia más próxima a la escritura del poema; se lleva a cabo en un lento proceso de ensimismamiento y de silencio, pesando a la vez la masa sonora de un canto, de un habla, originada en otra lengua que no es la materna. Dar cauce a través de la emoción propia, a pensamientos y emociones de una voz ajena. Algo que el poeta reconoce en su propia escritura, cuando al decir yo, se siente decir una voz próxima y a la vez lejana; se siente traducir en sí mismo algo que parece venir de comarcas lejanas en el tiempo. Si el poema aparece, primero como ritmo y recién después en su manera propia despliega significados, es la traducción, por sobre todo, un esfuerzo de alteridad. Alteridad del cuerpo respirando la música de otra lengua y en la estricta particularidad de una voz que la habla. Doble esfuerzo fundado, sin duda, en el amor, y en los aspectos que permiten al traductor identificaciones variadas. Eco, no replicante como en el mito de Narciso, sino sostenido en las posibilidades y misterios de la lengua materna en la cual el traductor lo reescribe. Sentir al texto con el cuerpo alerta al mismo tiempo de su significación, para que despliegue en un idioma donde no fue concebido, algo—que es siempre otra cosa—de aquella rosa plena de sentido que el original ofrece. Quizás por eso la traducción de poesía es más "intuitiva" y menos derivada y lógica que otras tareas de traducción. Finalmente es siempre una meditación sobre la propia lengua y sobre el lenguaje mismo, ya que, si traducir es desarticular el original, poniendo en duda la seguridad de los significados que nos abrigan, también lo es en la relación con nuestro lenguaje original, como ya Walter Benjamin y Paul de Man lo dijeran. La poesía como género lleva a cabo este acto de duda aún en su lengua original de la manera más radicalizada. ¿Qué será entonces su traducción? Sentimientos de traición y al mismo tiempo, dicha de la reconstrucción. Mimetismo y ruptura simultáneas, es decir, un gesto casi imposible. Gesto madurado en larga convivencia previa, en una intimidad de almas donde todo pasa por lo escrito, esa carnalidad sonora que se posa en el silencio, esa secuencia de signos sobre el espacio vacío.

Saludo la belleza que aún poseen tus poemas en castellano, una lengua generosa y sabia, alimentada por los países del Sur que la hablan con sus afluentes del quechua, el aymara, el mapudungun, el guaraní..., con sus resonancias itálicas aquí en Argentina. Los saludo y sé, cuántos ecos se han perdido en la traducción, ecos plenos de sentido que toda palabra y todo juego sintáctico o sonoro porta en su idioma originario. Sé del gesto imposible que es toda traducción, y aún más del poema que pretende casi ser materialidad pura, el Bosque mismo, y nunca se consuela con ser sólo su mención. Allí te pierdo, donde voy a buscarte. Sin embargo este libro ha sido nuestro mayor gesto de mutuo amor que reposa, en un gesto de alteridad, de dejar ser, en palabras, a la otra.

Que las aguas del Klamath y el Paraná cobijen nuestras palabras, las vuelvan murmullo de agua del mismo continente, sin opresión ni tutelaje, como gemelos que son navegando hacia el gran río.

Te ama, tu puma

Crucero Ecuatorial

De Diana Bellessi

Cruising The Equator

By Diana Bellessi

Translated by Ursula K. Le Guin

*A los que me llevaron con su pasión
y a los que me dieron reposo
en el borde de las carreteras de América.*

*To those whose passion kept me going
and those who gave me rest
along the highways of America*

Crucero Ecuatorial

I

Algo de aquel fuego quema todavía.
La luz del sol móvil
sobre la copa de los árboles,
y mi corazón desbocado, de deseo.
Afuera, al alcance de mi mano
la fiesta.
Los tiempos verbales
amarrados, como helechos a una misma piedra.

Cruising The Equator

I

Some of that fire's still burning:
The light of the sun shifting
over the treetops,
and my heart bursting with desire.
Just outdoors, in reach of my hand,
the festival.
Tenses of verbs
fastened like ferns to a single stone.

II

Paso por un pueblo borrado de arena.
Un resplandor fogoso lo detiene.
Entro a un café desierto
con las ventanas levemente entornadas
y una mosca zumbando frente a los espejos.
La cerveza está helada y amarga.
Una mujer vestida de negro cruzó la calle,
la memoria,
como un relámpago oscuro su tarde de verano.

II

I come to a town blotted out by sand.
A fiery radiance restrains it.
I go into a deserted cafe,
its windows just slightly open,
a fly buzzing in front of the mirrors.
The beer's ice-cold and bitter.
A woman wearing black crossed the street,
the memory,
like dark lightning across a summer evening.

III

La boca en un rictus amargo.
Una mirada de fiera, para colgar
en el escueto retrato de los años.
Me voy con ellas,
a despertar al vivo y al muerto:
Los Locas de Plaza de Mayo.

III

Mouth in a bitter grin.
A wild animal's glare, to hang
in the stark portrait of the years.
With them I go
to wake the living and the dead:
the Mothers of the Plaza de Mayo.

IV

Una bandada de loros cruza sobre la proa del Ferreiras.
Me está contando la historia
de los Faroles, las criaturas luminosas del río
que te arrastran al fondo de las aguas, al abismo.
Ya pasamos Contamana y Requena.
Me está hablando de Pedro Lemos, un viejo capitán
de barco que rueda ahora por los bares de Iquitos,
quien pescó en sus redes a una mujer sirena
y se enamoró de ella, llevándola en un estanque
a lo largo del río Amazonas, donde se le
murió despacio, de pena.
Cargan pieles de tigrillo y gato
y dejan aguardiente, arroz, latas de conservas.
Me está contando que se hacen ricos
los pieleros en las ciudades, y cada vez más pobres
los caseríos, la selva.
Dieter, el alemán vagabundo de turbante
cruza la cubierta.
La seño del monito tití escupe
y se tiende en su hamaca, tan suavemente
que parece un pájaro.
El lía un cigarrillo, empina la botella
y dice: *Bonita la selva, si no fuera*
por la disentería, y el fantasma del caucho.

IV

A flock of parrots flies across the prow of the Ferreiras.
He's telling me the story
of the Faroles, luminous river-beings
who'll drag you down into the water, into the depths.
We've just passed Contamana and Requena.
He's talking about Pedro Lemos, an old ship's captain
drifting now around the bars in Iquitos,
who fished up a siren woman in his nets
and fell in love with her and kept her in a tank
all down the Amazon, where she
died slowly, of grief.
They take on jaguar and wildcat skins
in trade for brandy, rice, canned fruit.
He tells me that the fur sellers
get rich in the cities, while the villages
in the jungle get poorer all the time.
Dieter, the wandering German in a turban,
walks across the deck.
The old lady with the titi-monkey spits
and lies down in her hammock, so softly
that she seems a bird.
He rolls a cigarette, tilts the bottle up,
and says: *The jungle's pretty, except*
for dysentery, and the ghosts
of the rubber plantation days.

V

Dormí a la sombra de su casa
en la isla San Cristóbal, bautizada Chatman por
balleneros norteamericanos.
Me invitó con té, un mazo de cartas y su serena
desgracia. Caminé despacio. Playas de seda
festoneadas de cangrejos e iguanas,
el volcán al centro y las lloviznas sobre el lago,
los naranjales pudriéndose a orillas de las estancias.
Después me fui a Floreana, la de la arena negra,
y a Santa Cruz, donde abundan las tortugas gigantes,
los refugiados nazis y los manglares.
En la Isabella recogimos cocos con el chileno
pescador de tiburones, a quien luego perdí el destino
y quizás, se hizo a la mar en balsa
de Guayaquil a las Galápagos.
De regreso visité al ciego, contador de historias,
guitarrero, en cuya casa dormí.
Me dio una carta para sus parientes
en Guayaquil. Y nunca la entregué.
¿Sería de vida o muerte?,
¿De qué sería la espesa grafía que dictara el ciego
puesta entre mis manos sin sospecha?
Nunca la entregué.
Estará esperando todavía.
Estará esperando.

V

I slept in the shelter of his house
on San Cristobal, called Chatman's Island by
North American whalers.
He treated me to tea, a deck of cards, his serene
misfortune. I travelled slowly. Silken beaches
festooned with crabs and iguanas,
the volcano in the center, clouds drizzling on the lake,
orange groves rotting on the outskirts of ranches.
Later I was at Floreana of the black sands,
and Santa Cruz, where there are lots of huge turtles
and old Nazis and mangrove swamps.
On Isabella we picked coconuts with the Chilean
shark-fisher; I lost track of him later,
and he may have put to sea on a raft
from Guayaquil to the Galápagos.
On the way back I visited the blind man, storyteller,
guitarplayer, in whose house I'd slept.
He gave me a letter for his relatives
in Guayaquil. And I never delivered it.
Was it about life or death?
What could it have been about, the thick writing
that the blind man had dictated,
and put into my hands without suspicion?
I never delivered it.
He's still waiting.
He's waiting.

VI

Ahora que nunca volverás, mi amiga,
y no tejeremos recuerdos y palabras
como una estera que nos proteja del viento.
Para sentarnos allí,
y contar la saga, noche a noche
mientras se consume el kerosén de las lámparas.
Ahora que nunca,
sólo a mí me toca
darles vuelta a los niños
la cara.
Y guardar risas, gestos furiosos,
miradas
que hacían el amor
la danza.
Aquella melodía humana
compartida en ciudades
en carreteras salvajes
hoteles y carpas,
aquella melodía
que ya no escuchás, mi amiga,
y se hace humo, en el aire lento del mañana.

VI

Now that you're never coming back, dear woman,
and we won't be weaving memories and words
like a mat to protect us from the wind.
So that we can sit on it,
and tell the tale, night by night,
while the kerosene sinks in the lamps
Now that never,
it behooves me only
to make the children turn
their faces.
And to hold on to laughs, angry gestures,
glances,
that made love
the dance.
That human melody
shared in cities
wild roads
hotels and tents,
that melody
that you aren't listening to now, my friend,
and it fades away, in the slow air of the days to come.

VII

Comimos pescado
y un racimo de mangos dulces, anaranjados.
Después apareció el muchacho esbelto
parecido a un novio que tuve a los diecisiete años.
Esa noche hicimos el amor,
mientras me hablaba de los calamares lentos
rosados
que nadan juntos
en la profundidad dorada del mar Caribe.
Allí nos hicimos el amor.
Era biólogo marino y temía,
me parece, perder dignidad, estatus.
Se escabulló del dormitorio temprano
y estaba frío después del desayuno. No quiso
fumar mariguana con nuestro amigo negro
que venía de Tanzania. Lo perdí alegremente,
sin nostalgias. Cuando cruzamos las salinas
yendo a Santa Marta desde Río Hacha,
y vi las espaldas, las cabezas envueltas
de los peones guajiros paleando sal a media mañana,
se me hizo un nudo en el pecho,
y en él guardé, como quien lo hace en un pañuelo,
la camiseta colorada del gigante negro,
los calamares flotando en la oscuridad dorada.

VII

We ate fresh-caught fish
and a bunch of sweet, orange-colored mangoes.
Then the elegant boy showed up,
looking like my boyfriend when I was seventeen.
That night we made love
while he told me about the slow, rosy
squids
that swim joined together
in the golden depths of the Caribbean.
And we made love there.
He was a marine biologist, afraid,
I thought, of losing face, status.
He slipped out of the dormitory before dawn
and was cool to me after breakfast. He didn't want
to smoke marijuana with our black friend
from Tanzania. I lost him cheerfully.
No regrets. When we crossed the salt pits
on the way to Santa Marta from Rio Hacha,
and I saw the backs, the wrapped heads,
of the Guajira peasants shovelling salt in the mid-morning,
I tied a knot in my heart
the way you do with your handkerchief, to keep
the huge black man's red shirt,
the squids drifting in the golden darkness.

VIII

Nunca olvidaré a la Antonia
parada en medio del camino,
con su manta guajira negra
su silencio y aquella forma
en que me miraba.
En el pueblo de Uribia
con todos hablé, menos con ella,
a quien más deseaba.
Antes de partir hacia Cabo de la Vela
me dio por saludo, a mí,
pequeña vagabunda americana,
estas palabras:

     – Yo no me saco mi manta.

No te la sacás Antonia,
me repetía, entre los barquinazos del camión,
las latas de gasolina, las cabras;
no te la sacás,
no te vas de tu tierra, ni de tu raza.

VIII

I'll never forget her, Antonia
standing in the middle of the road,
with her black Guajira blanket
her silence and the way
she looked at me.
In the little town of Uribia
I talked to everybody, except her,
the one I wanted most.
Before I went on to Cabo de la Vela
she gave me as a parting gift,
me, the little American drifter,
these words:
        –I don't take off my blanket.
You don't take it off, Antonia,
I told myself, jolting in the truck
with the cans of gasoline, the goats,
you don't take it off,
you don't leave your land, or your people.

IX

Cuando me quedé sin plata y sin amigos
deambulando por la ciudad de Lima
fui a parar a un hotel de citas.
Esos con fachadas mugrientas
y piecitas oscuras
que parecen flotar en neblinas
de orín y diarios arrastrados por el viento.
Había gritos a veces, y jadeos.
Una tarde abrí la puerta
sobre un largo, angosto corredor,
y encontré colgando del picaporte
la bombachita raída
que alguna joven prostituta
abandonara.
La recuerdo,
vívidamente, como a una cara.

IX

When I found myself broke and friendless
wandering around in the city of Lima,
I went to stay at an assignation hotel.
The kind with a grimy facade
and dark little rooms,
that seem to float in fogs
of urine and wind-dragged newspapers.
There were yells sometimes, and panting.
One afternoon I opened the door
on a long, narrow corridor,
and saw hanging on the latch
a stiffened pair of panties
some young prostitute
had left there.
I remember it,
vividly, like a face.

X

Nombres,
para citar algunos,
me acuerdo de Pimentel,
como un oscuro gladiador peruano
convencido, violento, triunfal,
comiendo conmigo un platito de mondongo
en los altos de un restaurant barato.
Después a la chica
de aquella tarde de domingo
que me paró en la esquina y dijo
quería regalarme plata.
Su abrazo me calienta todavía
y en realidad no necesito
memoriarle nombre a su cara.
También me acuerdo de Rosendo, el zapatero,
que perdí en un tren
de Cuzco hacia Arequipa, y creía en las cosas simples
como yo creí mañana.
Por último,
al negrito Verástegui,
con un cordero entre los brazos.
Mano a mano,
el poeta.

X

Names,
to mention some of them,
I remember Pimentel
as an obscure Peruvian gladiator
full of conviction, violence, victory,
eating a dish of tripe with me
upstairs in a cheap restaurant.
Later on, the little girl
that Sunday afternoon
who stopped me at the corner and said
she wanted to give me money
Her hug still warms me.
And really I don't need to remember
a name for her face.
And I recall Rosendo, the shoemaker
whom I lost on a train
from Cuzco to Arequipa, and who believed in simple things
the way I believed tomorrow.
Finally
Negrito Verástegui,
with a lamb in his arms.
It takes two poets
to tango.

XI

Vuela un cormorán
y son heladas las aguas.
¿Fue antes o después
que cruzamos el desierto
de Atacama? Blancos de cal
en el acoplado de un camión carguero,
parecíamos fantasmas, figuras
salidas de la siesta, del sueño.
Dimos un recital en La Serena
para una audiencia de viejitos.
Corría el año 1970
y los jóvenes se preparaban
para el amor y la guerra.
Eran heladas las aguas
y un pájaro planeaba
sobre nuestras cabezas.
Nos creyeron marido y mujer.
Lástima
no haberlo sido.

XI

A cormorant flies,
icy are the waters.
Was it before or after
we crossed the desert
of Atacama? White with lime
in the trailer of a freight-truck,
we looked like ghosts, figures
out of a doze, a dream.
We gave a recital in La Serena
for an audience of old folks.
The year was 1970
and the young were getting ready
for love and war.
Icy were the waters
and a bird hovered
over our heads.
They thought us man and wife.
A pity
we weren't.

XII

Nos hicimos a la mar a medianoche,
una pequeña colmena de pescadores.
Con dinamita
sacaban la carnada;
vi los hermosos jureles corcovear
entre las manos diestras. Vomitando
y casi a ciegas los vi caer
tras una niebla de sangre
golpeados contra las tablas.
Era buena la pesca,
cada ola me tiraba al piso, y reía
y lloraba agarrándome de tus piernas
por tanta fortuna, tanta desgracia.
Qué joven tan hermoso. ¿Sabías
cuando te encontré en París,
después de creerte muerto,
y nos abrazamos en una esquina
de Vincenne como locos,
sabías, que te hubiera hecho el amor,
el veloz el misterioso,
aquella única madrugada
que pasamos juntos
con siete pescadores
en el puerto salobre de Antofagasta?

XII

We put to sea at midnight,
a little swarm of fishermen.
They took the fish
with dynamite.
I saw the beautiful yellowjack leap
among the quick hands. Vomiting
and so half blind, I saw them fall
in a mist of blood
and struck against the boards.
It was a good catch.
Every wave threw me to the deck, and I laughed
and wept hanging onto your legs,
for such bounty and such misery.
What a beautiful boy you were. You know,
when I saw you in Paris,
after I thought you'd died,
and we hugged each other like crazy
on a streetcorner in Vincennes,
you know, I would have made love to you,
the quick the mysterious,
that once, that night
we spent together
with seven fishermen
in the salt port of Antofagasta?

XIII

Me acuerdo de los vecinos
en el barrio de Cerrillos
y aquella enorme perrada
que nos siguió una noche
a la casa donde nos dejara
el muchacho del Mir.
Ese que conocimos a través
de un curita
en una plaza de Santiago.
¿Estarán todos muertos?
¿Floridos estarán
los duraznos
jugosos, colorados
que llevábamos en una bolsa
de papel manila
y comíamos
mirando a los albañiles de Santiago?

XIII

I remember the neighbors
in the barrio of Cerrillos
and that huge pack of dogs
that followed us
one night to the house
where the boy from MIR left us.
The one we got to know
through a young priest
in a square in Santiago.
Are they all dead now?
Are the peaches
in flower,
red, juicy peaches
we carried in a bag
of manila paper
and ate
while we watched the bricklayers in Santiago?

XIV

Tríptico de Guayaquil

1

El día que llegaron
había cobrado en la imprenta
mi salario.
Era casi mediodía
cuando Ixora me tiró
del brazo:
        –*Mira lo que tengo para ti*– me dijo.
Una pareja
llena de polvo del camino,
reclinados en la mochila
me esperaban.
Eran Claudia, y Carlo el brasilero.
Les di algo de plata
para que desayunaran.
Ella no quería. Ella, que trabajó
desde los 14 años
en oficinas privadas, me preguntó
cuánto ganaba. Le dije
y respondió:
        –*Hacemos diez veces más que vos,*
        yendo a las oficinas de profesionales
        y tirando la manga.

XIV.

Guayaquil Triptych.

1

The day they came,
I'd drawn my salary
at the printing shop.
It was about noon
when Ixora tugged
my arm:
                    –Look what I've got for you! she said.
A couple
covered with road-dust,
using their knapsacks for pillows,
were waiting for me.
It was Claudia, and Carlo the Brazilian.
I gave them a little money
to get some food with.
She didn't want to take it. She
who'd worked since she was fourteen
as an office girl, asked me
how much I made. I told her
and she said:
                    –We make ten times what you do,
just by cadging off
guys we used to work for.

2

Cada vez que escucho
a Javier Solís,
los Angeles Negros, la Chavela Vargas
viajo por el mapa.
Malecones de los puertos americanos,
bares, fritangas.
Las máquinas tragamonedas, las rockolas
deslizando sus boleros
que caen al pecho
con la cerveza helada.

2

Every time I listen
to Javier Solís
or the Angeles Negros or Chavela Vargas,
I travel the map.
Seawalls of the ports of the Americas,
beerjoints, fritters.
Jukeboxes, rockolas,
syruping out their boleros
that slide down inside you
with the icy beer.

3

Aquellas ruedas humanas
con flautas y maracas.
Todo el ensueño, la escoria, el amor
mientras crepitaban en el humo
las semillas de mariguana.

Aquella noche de vientos
con Rodolfo el chilenito
tarareando una canción de olvido,
haciéndonos hermanos en la playa.

Aquel niño poeta
acostado en su cama.
Viene Cristo y se sienta,
interminable la mirada
sin decir una sola palabra.
El niño poeta aterrado:
–*Quizás porque no me decía nada.*

Aquella cabeza entera,
y cuerpo
dilatándose, para hacerse huéspedes,
amiga mía,
entre tus manos.

3

Those human circles
with flutes and rattles,
all illusion, all trash, all love
while the marijuana seeds
crackled in the smoke.

That night of wind
with Rodolfo the little Chilean
humming a song of forgetting,
swearing brotherhood on the beach.

That boy poet
lying in his bed.
Christ comes in and sits
an interminable gaze
not saying a single word.
the boy poet terrified–
–*Maybe because he wouldn't talk to me.*

That whole head
and body
growing great, to make itself at home,
dear woman,
in your hands.

XV

Corriendo en un tren hacia Río Bamba,
mientras el toque de queda
paralizaba Guayaquil,
vi sembrar las laderas de las montañas.
Maíz, porotos, papas.
Hombres y mujeres en los campos,
con el palo de escarbar
y la cara rosadita vuelta
hacia el tren que pasaba.
Eran Salasacas.
Una semana depués,
invitada por la vida en Pelileo,
acompañé en su cena a los muertos
del cementerio de Ambato.

XV

Riding the train to Río Bamba
while the curfew
paralysed Guayaquil,
I saw them sowing in the high country.
Corn, beans, potatoes.
Men and women in the fields,
with their digging sticks,
and their pink faces turned
to the train passing.
They were Salasacas.
A week later
invited by life to Pelileo,
I went to dinner with the dead
of the cemetery of Ambato.

XVI

Tuvimos la mala idea
de sentarnos a tomar café
en un jardincito detrás
del Banco Francés en Barranquillas.
Creyéndonos turistas norteamericanas
una pandilla de muchachos
nos asaltó a navaja.
Ahí nomás les explicamos
que a mal monte vas por leña,
y que ni plata ni esmeraldas.
Uno me miraba
el anillito de oro
desgastado en el índice
de mi mano derecha.
Le conté una historia de familia.
Le hablé de mi mamá,
costurera en un pueblito del sur
que se llamaba Zavalla,
y de mi viejo
sol a sol en los potreros.

Continúa...

XVI

We had the lousy idea
of sitting down for coffee
in a little garden in back of
the Bank of France in Barranquillas.
Taking us for North American tourists,
a gang of boys
came at us with switchblades.
Right away we told them,
you're wasting your time,
no dough, no emeralds.
One of them was looking
at the little, worn
gold ring on the first finger
of my right hand.
I told him some family history.
All about my mama,
a dressmaker in a little town down south,
called Zavalla,
and about my dad,
out on the grazings day after day.

Continued...

Era febrero.
Me dijo que el carnaval curaba
de necesidad, de amores, de deseo, ¿pero
cómo gozarlos sin un peso?
Nos tomamos el café y el agua
y comimos los daditos de azúcar. Al final nos invitaron
a hacer la "zafra" con ellos.
Lo que sacáramos iba a medias,
nosotras para seguir viaje,
ellos para chuparse
y bailar en los carnavales.

Les dijimos que no
y se despidieron mansos,
con un beso.

It was February.
He told me that Carnival's a cure
for need, for love, for desire, but
what's the good if you haven't got a peso?
We were drinking coffee and water
and eating sugarlumps. Finally they invited us
to do a little "lifting" with them.
What we made, we'd split,
so we could go on travelling,
and they could get sloshed
and dance at the Carnival.

We told them no
and they went off meekly
with a kiss.

XVII

A la isla San Andrés
llegué sin un peso, ni equipaje, ni poema.
Todo se llevaron
de la casa del loco que decía: *El latín
se dividió en tres ramas,
amor, pasión y desesperación.*
Pero tuve una gorra blanca de marinero,
y el vestido bordado
que Patricia, la del palomar en la colina,
la que enhebraba collares de mostacillas,
me regalara.
La quise tanto. A ella
y al pintor
que señalaba el mismo
islote,
el cayo redondito sobre las aguas,
en un cielo amarillo, y extenso, y naranja.

XVII

I arrived at San Andrés Isle
without a peso, or a suitcase, or a poem.
Everything had been stolen
from the house of the crazy guy who said: *Latin*
was divided in three parts,
love, passion, and despair.
But I had a white sailor hat
and the embroidered dress
that Patricia, the one with the dove on the hill,
the one who strung mustard-seed necklaces,
gave me.
Oh how I loved her. Her
and the painter
who showed me the same
tiny island,
the little round reef on the waters,
in a sky that was yellow, and wide, and orange.

XVIII

Cruzamos la frontera
de Honduras con Guatemala
por una carretera a través de la selva,
raramente usada.
Teníamos miedo de que nos pidieran
que les mostráramos plata. Poco antes de cruzar
apareció un peruano que venía de París,
y como nosotras pretendía llegar a México,
nosotras por el deseo, él para hacerse rico.
Ocho años ausente y había contado en sus cartas
maravillas y riquezas. ¿Cómo regresar ahora, me dijo,
sin un peso en los fundillos?
En México, en México se haría rico.
Pasamos todos. Los de la aduana se acercaron
serios, con una botella de pisco. –*Queremos*
brindar, dijeron, son las primeras sudamericanas
en cruzar esta frontera. Nos abrazamos, les dedicamos
firmas y un verso. El peruano, ya en la carretera,
hacía de mujeres, diamantes y aventuras un tapiz.
Me señaló la marca de sus vaqueros y agregó:
–*Mira, son de París.*

XVIII

We crossed the border
of Honduras and Guatemala
on a road through the woods,
not often used.
We were afraid they'd ask
to see our money. A little before the crossing
a Peruvian showed up, who came from Paris,
and was trying to get to Mexico, like us,
we because we wanted to, he so he could get rich.
Eight years away, and he'd filled his letters
with marvels and fortunes. How could he go home now, he said,
without a peso in his pants?
In Mexico, in Mexico he'd get rich.
We all got through. The customs men came up,
serious, with a bottle of pisco. *–We'd like*
to drink a toast, they said, *you're the first South American women*
to cross this border. We hugged, we gave them
our autographs, a poem. Once on the road, the Peruvian
wove women, diamonds, adventures into a tapestry.
He showed me the trademark on his jeans and said,
–Look, they're from Paris.

XIX

Atravesamos el Petén
la noche de fin de año.
Los canastos guardaban
caldo de gallina, chuchitos,
guacal de pinol, tortillas
y frijolitos
que cada cual llevaba
para compartir la mesa
en la noche de los recuentos.
Atravesamos el Petén
con la luna llena.
Era tanta mi alegría, mi deseo,
como el que vi en los ojos
de un camionero aindiado
que miraba las matracas,
los juegos de artificio,
mientras nos guardábamos de la lluvia
bajo un tinglado de chapa.
En el Petén,
a hora y media,
o dos,
de las ruinas más hermosas de América.

XIX

We came through the Petén
on the last night of the year.
In the hampers were
chicken soup, *chuchitos,*
guacal de pinol, tortillas,
and red beans
that everybody brought out
to share around
on the night of reckoning.
We came through the Petén
with the full moon.
My delight, my desire were as great
as those I saw in the eyes
of an Indian-looking truck driver
watching the noisemakers,
the fireworks,
as we sheltered from the rain
under a tin shed.
In the Petén,
an hour and a half
or two hours
from the most beautiful ruins in America.

XX

Tikal

¿Sería un guerrero en desgracia,
exiliado entre los dioses
quien me hablara?

¿O sacerdotes del Templo V
tras un humo leve
un rosario de hojas y de agua?

¿Sería la mujer,
atado de leña al hombro, murmurando:
–*Yo soy tú*,
en delicados jeroglifos ideográficos?

Lo que sé,
es que la Ciudad hablaba.

XX

Tikal

Was it a warrior in disgrace,
exiled among gods,
that was talking to me?

Or priest of Temple V,
through a faint vapor,
a chain of leaves and water?

Was it the woman
a bundle of sticks on her back, murmuring:
–I am you
in delicate ideographic hieroglyphs?

All I know is,
the City was talking.

XXI

En Costa Rica
había un viejísimo
y mísero flautista
que por su levedad
se deshacía en los umbrales.
Jamás hablaba
ni le hacía un gesto al mundo,
a nadie.
Un día le dije: *Adiós Maestro,*
y me miró,
y se sonrió en la calle.
Esa noche
soñé con magníficos
misteriosos instrumentos musicales.

XXI

In Costa Rica
there was a very old
and miserable flute-player
so unimportant
that he disappeared in doorways.
He never said anything
or made any sort of gesture
to anyone.
One day I said to him, *Goodbye, Maestro!*
and he looked at me,
and smiled, there in the street.
That night
I dreamed of magnificent
mysterious instruments of music.

XXII

Anabella era una muchacha
que en su ataúd de vidrio
yacía con las serpientes,
rubia, pálida.
Fue, carromato de mercachifles,
mi bella durmiente ecuatoriana.

De la mulata nunca supe el nombre.
Me invitó a ir con ella una tarde,
cruzando un barrio de prostitutas
mientras caía en su belleza y
su miseria la ciudad de Cali.

La tercera fue una mujer de México,
mestiza, lavandera, que su propio marido
públicamente apaleaba.

A las tres las tuve en mi memoria,
les di la mano,
para atravesar juntas
una vasta, interminable galería
de retratos.

XXII

Anabella was a girl
who lay, fairhaired, pale,
in her glass coffin
with the snakes.
In the peddler's two-wheeled cart,
my Sleeping Beauty of Ecuador.

The mulatta's name I never knew.
She asked me to go with her one evening,
through the prostitutes' quarter,
while the city of Cali in its beauty
and its misery was falling.

The third was a Mexican woman,
a halfbreed, a laundress, whose own husband
used to thrash her in public.

I held the three of them in my memory,
I gave them my hand,
so that together we could go through
a vast, interminable gallery
of portraits.

XXIII

Tulum

Se van los ídolos,
el templo permanece.
Estoy en la casa
del Dios Descendente.

Rotosos y sin pensar
en el pan de mañana,
tocando estos lugares
mientras cae el sol
y aparece
la luna en el agua,

corriendo por las playas
o quietos
alrededor del fuego,

tomando ácidos, hongos,
peyote a ayahuasca,
pudimos tantear el rito,

alguno,

en el que también se hablaba
de nosotros, de los malos
y de los justos.

XXIII

Tulum

The idols go,
the temple remains.
I am in the house
of the Descending God.

Ragged, careless
of tomorrow's bread,
touching these places
while the sun sinks
and in the water the moon
appears,

running along the beaches
or quiet
around the fire,

taking acid, mushrooms,
peyote, ayahuasca,
we could feel the rite,

something,

in it speaking
about us, too, about the just
and the unjust.

XXIV

Cerca del mercado
de Oaxaca,
sentada en un umbral
de la vereda
veo pies caminando.
Agrietados, desnudos,
vivos, planos. Mecapal
en la frente cargando

batatas, aves de corral, leña.

Comida y sudor,
trabajo mal pagado.

Las joyas de la tierra.

XXIV

Near the marketplace
of Oaxaca,
sitting at the beginning
of a pathway,
I see feet walking.
Cracked, bare,
quick, flat. Leather strap
across the forehead carrying

sweet potatoes, poultry, firewood.

Food and sweat,
cheap labor.

The jewels of the earth.

XXV

En un lugar de la sierra
antes de llegar a Puerto Angel, Oaxaca,
pernocté tres días
en una cabaña
para tomar los hongos, los niños santos de la tierra.
Con mielcita me los daban.
Y al final de aquello,
viendo trajinar lentamente
a la gente de la aldea,
un caserío asentado en el valle
entre la vigilia y el sueño,
supe,
se me abrieron todos los misterios:

Hombres y mujeres trabajando,
agarraditos al lugar
como un árbol,
en los tiempos de fortuna, y en los tiempos malos.

XXV

In a place up in the mountains
before coming to Puerto Angel, Oaxaca,
I spent three nights
in a cabin
to eat mushrooms, the holy children of the earth.
They gave them to me with a little honey.
And at the end of that
seeing the slow coming and going
of the people of the town,
a tiny village set in the valley,
between waking and sleep
I knew
all the mysteries were open to me:

Men and women working
rooted in place
like a tree,
in the good times and the bad.

¿Fue en Honduras, en El Salvador,
en Guatemala?
¿Dónde compré aquella guitarra?
Era en una plaza. El viejo las hacía
enteras.
Clavijero de madera y encordada con alambre;
cómo tocaba.
Vuelvo a sacarte, con un rasguido popular,
imperfecta, sensiblera, mi guitarra.

Was it in Honduras, in El Salvador,
in Guatemala?
Where did I buy this guitar?
It was in a plaza. The old man made them,
the whole thing,
wooden pegbox, wire strings.
How it sounded!
I'm back to give you a street-music strumming,
inexpert, sentimental, my guitar!

Tributo del Mudo

De Diana Bellessi

Nobody Gets in Here With Words

By Diana Bellessi

Translated by Ursula K. Le Guin

Parte 1 - Jade

Escribir poesía era algo esencial en la educación y la vida social de cualquier hombre culto en la antigua China, pero no era así para una mujer. Con pocas excepciones en la historia de China, las examinaciones imperiales, objetivo de toda educación superior y que permitían ascender de posición en la sociedad de la época, estuvieron prohibidas a las mujeres.

Yü Hsüan-Chi, concubina abandonada a su suerte, se convirtió en sacerdotisa del Tao. Así viajó por toda China, y tuvo numerosos amantes hasta que la ejecutaron acusándola de asesinato.

*Sus hermosos poemas reposan
en la sombra del verano.*

En una visita al templo taoista de Ch'hung Chen, veo
en la sala sur la lista de los candidatos triunfadores
en las examinaciones imperiales

Picos coronados de nubes llenan los ojos
en la luz de primavera.
Sus nombres están escritos en hermosos caracteres
y colocados por orden de mérito.
Levanto mi cabeza y leo sus nombres
con envidia impotente.
Cómo odio este vestido de seda
que oculta a un poeta.

--Yü Hsüan-Chi

Part 1 - Jade

In ancient China the writing of poetry was essential to the educa-
tion and social life of a cultivated man; not so for a woman. With
few exceptions throughout the history of China the Imperial
Examinations, focus of all higher education and key to power in
the society of the time, were closed to women.

Yü Hsüan-Chi, a deserted concubine, became a Taoist priestess. As
such she travelled throughout China, finding many lovers, until,
accused of murder, she was executed.

Her lovely poems rest
in the summer shadow.

On a visit to the Taoist temple of Ch'ung Chen, I see
posted in the south room the list of the successful
candidates in the Imperial Examinations.

Cloud-drowned peaks fill my eyes
in the Spring light.
Their names are written in shapely characters
and arranged in order of merit.
I lift up my head and read their names
with impotent envy.
How I hate this silk dress
that hides a poet!

--Yü Hsüan-Chi

Leyendo un poema de Li Ch'ing-Chao

Despierto
y el pequeño bote, a cuya proa
la Serpiente del Poder
navega,
ciega e inmóvil, me conduce
al mar de arena. Un sol nos derrite
mientras vuela
el pájaro de las rocas
y soberbia
cruza su sombra
sobre la fresca fuente de nuestras manos.
Se desliza la seda.
Por un largo camino
más allá del crepúsculo
van nuestros rostros enlazados.

Reading a Poem by Li Ch'ing-Chao

I wake
and the little boat, guided
by the Snake of Power
blind and unmoving
on its prow, takes me
to the sea of sand. Sun melts us
while the bird soars
from the rocks, its proud
shadow cast across the coolness
flowing from our hands.
The silk slips down.
We go for a long way
on beyond the twilight,
our faces close together.

En una hoja púrpura

Espejo sin fin las aguas de la noche.
Escucho el canto
del primer pato sirirí
migrando desde el sur.
Embriagan las azucenas en el aire inmóvil.
Una hoja
de púrpura ha caído y flota sobre el río.
¿Será aquélla donde Han T'sui-p-'in,
prisionera en los aposentos del harén,
escribiera su poema?
Liberado al azar del río,
para que alguien en el mundo de los hombres
lo recogiera.

On a Crimson Leaf

Infinite mirror the waters of the night.
I listen to the call
of the first sirirí-duck
migrating from the south.
Lilies in the still air intoxicate.
A crimson
leaf has fallen and floats on the river.
Might it be the one
that Han T'sui-p-'in, prisoner in the women's quarters,
wrote her poem on?
Sent forth to risk the river
in hopes someone in the world of men
may take it from the water.

A Wu Tsao

I

Húmeda y fresca la noche.
Un suave viento del este
trae y disipa bancos de niebla.
Sueño que veo tu rostro
frente a las lámparas.
Me sonríe tras el leve maquillaje,
mientras tu mano reposa en mi mano.
Amiga mía,
millones de años a través de los cuales el Universo
asciende y declina,
y vos allí,
en tu vestido transparente de seda
viendo caer
las flores de ciruelo sobre la hierba.

II

Beben el vino
y se recitan una a otra sus poemas.
Si supieran aquellos versos de Safo,
los dirían,
mientras se pintan una a otra las cejas
y extensas nieblas cubren el río:

–Qué pequeños,
            qué hermosos los pies.

To Wu Tsao

I

Humid and cool the night.
A soft wind from the east
gathers and disperses banks of mist.
I dream I see your face
in the lanterns' light.
She smiles at me through delicate makeup
while your hand rests in mine.
My dear friend,
millions of years, and through them the universe
arising and declining,
and you, there,
in your thin silk gown,
watching plum-blossoms
fall to the grass.

II

They drink wine
and say their poems to each other.
If they knew these lines of Sappho
they'd say them too
as they paint each other's eyebrows
and wide mists hide the river:

–So small,
    so beautiful, your feet.

Homenaje a Ch'ien T'ao

¿Cae la lluvia sobre las hojas del banano?
¿O zumba un picaflor,
llama y pluma
frente a los ojos del amado?

¿Son las hojas del sauce
que desciende al sueño,
o galopa febril
un sol de oro
sobre los tejados?

En los parques de palacio
mi Señor lo sabe.

Mientras hilo y tejo los brocados
sólo un rumor me llega.
Otras vestirán
sobre los hombros adorables
estas fatigadas, interminables
piezas de seda.

Homage to Ch'ien T'ao

Is it rain falling on the banana-leaves?
or the thrum of a hummingbird,
flame and feather,
under my love's eyes?

Is it the leaves of the willow
rustling down to sleep,
or the feverish gallop
of a gold sun
over the rooftops?

My Lord knows,
walking in the Palace gardens.

As I sit spinning and weaving the brocades
only a murmur reaches me.
Over the adorable shoulders
of other women will slip
these laborious, these interminable
lengths of silk.

A Wang Wei, viajando por un río de China central

Transparente viajera.
Conociste los amores de palacio
y el goce esquivo
de un refugio nupcial.
Tu bote navega
entre nubes de niebla
y el vaho de humo que emerge solitario
desde alguna cabaña
en la ribera.

El río,
el río avanza
sin volver a remontar sus aguas,
como vos,
señora fugitiva,
los hombros apoyados
en el respaldar de madera,
y un libro de pinturas
sobre el regazo.

A proa de tu bajel,
aldea tras aldea
ves lavar a las mujeres
la pesada ropa
que el otoño prepara.

Cae una hoja
y es infinito su caer.
Polvo leve de los años,
disperso en el vaivén
de una cuna en el agua.

To Wang Wei, Travelling on a River in Central China

Transparent voyager.
You knew the loves of the Palace
and the elusive joys
of a refuge in marriage.
Your boat sails on
among clouds of mist
and the lonely breath of smoke
rising from some hut
along the shore.

The river,
the river goes on,
never returning to renew its waters,
like you,
fugitive lady,
your shoulders supported
by the wooden backrest,
and a book of paintings
open on your lap.

Ahead of your boat,
town after town,
you see women washing
the heavy clothing
that the fall makes ready.

A leaf falls
and its fall is endless.
Light dust of the years,
lost in the rocking
of a cradle on the water.

Mirando a Felicita lavar la ropa

Flamea un aro de golondrinas en el cielo,
y el azul,
el púrpura delicado,
anuncian un día de fiesta
para mañana.
Sobre las escaleras del muelle,
como ramos de caña de ámbar,
reposa la ropa lavada.

Watching Felicita Washing Clothes

A hoop of swallows flickers in the sky,
and the blue,
the delicate purple,
herald tomorrow's
festival.
On the steps of the dock
like amber bamboo-stems
the washed clothes lie.

Fresno en otoño

Reconcentrado en sí mismo.
El sol lo baña
con un agua de oro,
e ilumina vastos paisajes
de pájaros y ojos.

Entra en meditación.

Ash Tree in Autumn

Recentered in itself.
The sun bathes it
in a golden water,
and lights up vast landscapes
of birds and eyes.

It enters into meditation.

Melodía

La rama del banano
que el viento norte derribó.
Las casuarinas
mojadas por la lluvia parecen
más de cristal de agua
que de ramas.
Reflejos del río entre las hojas
y un abejorro de ébano pesado
cruzando el aire
el sol
de las azucenas profundas y gloriosas.

Tune

The branch of the banana tree
torn off by the North wind.
The rainwet
casuarinas seem to be
water-crystal
instead of branches.
River-reflections through leaves
and a bumblebee of heavy ebony
crossing the air
the sun
of the deep and glorious lilies.

Como la momia de una niña de Paracas

Un sauce
se levanta en los fondos de la casa.
Los años van pudriéndole la base
y muestra un hueco
donde se deshace la madera
volviéndose hongos, hilachas.
Podría entrar allí y encogerme
para dormir
como la momia de una niña de Paracas.
Solito
se muere el árbol. Navegando
el insondable viaje de la tierra.

Like the Mummy of a Girl of Paracas

A willow
grows in the wild back yard of the house.
The years keep rotting it at the base,
leaving a hole
where the wood shreds away,
turning into crumbs and fungus.
I might get in there and shrink myself
to sleep
like the mummy of a girl of Paracas.
All by itself
the tree is dying. Navigating
the unfathomable voyage of the earth.

Frente a la rústica mesa de madera
veo nuestras manos.
Hacha y martillo vienen dándoles
una forma cuadrada, hermosa.
Cabe la llama de una vela entre tus manos,
el mate caliente
y la más sutil de las caricias,
ordenada, lenta,
como una danza de hojas en ciertas tardes de verano.
Puedo escribir poemas, lo sé,
con las voces y los días que cayeron
en el tobogán de sueño
de los años,
en esta rústica mesa de madera
donde reposan nuestras manos.

Looking at the rough wooden table,
I see our hands.
Ax and hammer are giving them
a squared-off beauty.
Candlelight puts between your hands
the hot maté,
and the subtlest of caresses,
formal, slow,
like the dance of leaves on certain summer evenings.
With the voices and the days that slid
in the dream-toboggan
down the years,
I can write poems, I know I can,
on this rough wooden table
that our hands rest on.

Parte 2 - Tributo del Mudo

Otoño

1

Planea una hojita de álamo
y se apoya,
sobre la corriente del río.
Los arces con su oro
y todos los árboles
alzados hacia el cielo
no borran,
a Mbopi
el Murciélago Final.

Part 2 - The Tribute of the One Who Cannot Speak

Autumn

1

A little poplar leaf drifts,
coming to rest
on the surface of the river.
The maples with their gold
and all the trees
that rise toward heaven
cannot erase
from the Place of the Bat
the shadow of the bat.

2

Arañas
fantasmas del rocío
que cuelgan sobre naranjas:
hay cañas de ámbar detrás
hay un pétalo que cae
y un destello.

Una avispa pequeña atrapada.

¿Cómo crujen sus huesos
la suave superficie del vientre

los ojos fuera de las cuencas?

Dueñas del cadáver de la miel.

2

Spiders
dew-ghosts
hanging on oranges:
there are amber reeds behind,
there's a petal falling,
and a sparkle.

A little bee, trapped.

How do her bones crack
the smooth surface of the belly

the eyes out of their sockets?

Keepers of the corpse of honey.

3

Columnas de crestas jaspeadas
los sauces

Una pareja de caraos grazna al oeste

Rojo de los pinos
de los pájaros de pecho rojo
y de cuerpos mutilados

Su cola lenta de espuma

el río boga
todas las sangres

3

Columns with mottled crests
the willows

A couple of crows caw in the west

Red of pines
of red-breasted birds
of mutilated bodies

Its slow trail of foam

The river floats
all kinds of blood

4

Sopla un viento del norte
y los sauces llueven.
Humo
de la hojarasca incendiada.

Ha venido el otoño otra vez.

Hay misa permanente.

Hay sangre entre los robles.

4

A north wind blows
and the willows weep.
Smoke
of dead leaves burning.

Autumn has come again.

There is an endless mass.

There is blood between the oaks.

Invierno

1

Un rojo oscuro
se abre entre los sauces
y pasa el bote fantasma
con corona de flores
a su proa desatadas.

Oscurece en mitad del día.

Inmóvil
el río San Antonio
fluye sin embargo
para siempre.
Cerrado, espeso
serpeando entre las ramas.

Torcaza,
paloma de duelo:
¿Pesa tu canto al paisaje
como una amada al corazón?

Winter

1

A dark red
opens between the willows
and the ghost boat goes by
with a wreath of flowers
loose on its prow.

It's getting dark in the middle of the day.

Unmoving
the San Antonio River
yet flows
unceasing.
Secret, thick,
snaking among branches.

Ringdove,
mourningdove,
does your song lie heavy on the countryside
as a beloved woman on the heart?

2

Alumbra
el ramerío del invierno
su luz inmóvil.
      Tiempo de hacha
      y de cuchillo:
Toda la savia huye

del desollador
y del bufón
de la tortura
y del granizo
de los golpes
la violación
de las heladas
y el pajarito.

El pajarito
destrozado a las pedradas.

2

Winter branches
shine
their immobile light.

               Ax time
               Knife time:

All the sap runs

from the flayer
and the clown
from torture
and from hail
from beating
from rape
from frost
and the little bird.

The little bird
beaten to pieces by stones.

Primavera

1

Las calas, aros de Etiopía, abren su corola
blanca. Señalan un sol. La forma más simple
y perfecta.

Un aro de música para esta mañana.
Un viento del oeste
y la decisión de sostener la vida
entre los brazos abiertos.

Spring

1

Callas, lilies of Ethiopia, open their white
throats. They show a sun. The simplest
and the perfect form.

A lily of music for this morning.
A western wind
and the decision to accept life
with open arms.

2

Un pato biguá
deja su estela de plata.
Ramón cruza a remo
como oficiando misa en el agua.
El es el símbolo, la clave.
De espuma que se borra,
de espuma la canoa
donde el Mudo
despliega su canción.

2

A cormorant
trails its silver wake.
Ramón rows across
as if saying Mass on the water.
He is the sign, the key.
Vanishing foam,
a foam canoe,
in which the One who cannot speak
unfolds his song.

Verano

1

Todo es promesa.
Entre hileras de muertos
se abre la mañana con fulgor.
Un movimiento lento y preciso
que apunta al cielo:
$$\qquad\qquad\qquad\text{vivo jaguar azul.}$$

Summer

1

Everything is promise.
Between rows of the dead
the morning opens out in splendor.
A slow, exact movement
aiming at the sky:

                    living blue jaguar.

2

En el profundo silencio de la noche
cae una rama pequeña;

reposan los pensamientos
y el sonido se hace audible
en avalancha.

Me uno al coro.

Una polilla
crepita en la llama de la lámpara.

2

In the deep night silence
a twig drops;

thoughts find rest,
and sound becomes
an avalanche of noises.

I join the chorus.

A moth
crackles in the lamp-flame.

Cacería

Cruza un aguilucho
en lento vuelo preciso,
y una pareja de torcazas
lo sigue
con dementes gritos.
Se ha movido Orión hacia el oeste
y las Pléyades cayeron.
Se sacia el hambre de la noche, la zarpa silenciosa
el pico,
y el día inicia su conquista.
Devora
la hormiga grande
a la chica.

Acosa al mundo.

Cruza un aguilucho
con lento vuelo preciso. Lleva el coro
demente de la madre, y un pichón,
o dos, en el pico.

Hunting Scene

An eagle soars
in slow, exact flight,
and a pair of ringdoves
pursue it
with demented screams.
Orion has moved westward
and the Pleiades are down.
The night's hunger is sated, the silent claw,
the beak,
and the day begins its conquest.
The big ant
devours
the small one.

It hunts the world.

An eagle soars
with slow, exact flight.
In its beak it carries
the mother's demented chorus
and a young dove or two.

Parte 3 - Persecución del sueño

El rumor de una voz
sobresaltó a la cazadora

Ojo veloz
y pie furtivo
Sombra
en los campos de caza

¿Son ambas
inseparable presa
en los mundos de agua?

Part 3 - Pursuit of the Dream

The sound of a voice
startled the huntress

Quick eye
and furtive foot
Shadow
in the hunting grounds

Are both of them
inseparable prey
in the worlds of water?

Nave. Sólo veo la proa y la mitad de una vela blanca.
Un lugar entre el día y la noche el mar.
Un lugar inmóvil.
Cuando el este del cielo se enciende, su blancura
enceguece. Tórnase invisible. Navega la otra cara
del mar.
Pasan los años.
Una noche desato el bote amarrado tras los peñascos
de la bahía. Me hago a la mar.
No detiene al silencio
ni siquiera el cristal de los remos en el agua.
Estoy cerca. Ella se asoma sobre el puente
orlada de su propia oscuridad y la densa cabellera.
Me mira. La gárgola de la nave se desprende
en rasante vuelo. Viene a estrellarse contra mi pecho.

Ship. I see the prow only, and half a white sail.
A place between day and night, the sea.
A place without motion.
When the eastern sky takes fire, its whiteness
blinds. It becomes invisible. It sails the other side
of the sea.
Years go by.
One night I untie the boat moored among the boulders
of the bay. I put to sea.
The silence is unbroken
even by the crystal of the oars in the water.
I'm close. She appears on the bridge
haloed with her own darkness and her mane of hair.
She looks at me. The ship's figurehead breaks loose,
skimming across the air. It shatters on my breast.

Cada noche persigo un sueño como a un ciervo
en la pradera. Como a él, apenas lo imagino;
o veo un ojo, el delicado filo de la cornamenta,
el flanco rojo que refulge y se pierde entre
los pastos del sudán.
Pero entonces apareció entero, sobre el muro de
arena que bordea la laguna. La luna en el agua
lo volvía nítido contra el cielo.
Ella detrás, me miraba.
Empezó a cantar una canción. Rendida de
amor, y de terror, supe que su voz creaba
la mitad secreta del mundo.

Every night I follow a dream like a stag
through meadows. Like the stag, it eludes me;
or I see an eye, the delicate line of the antlers,
the red flank gleaming and vanishing
in the pastures of sudan-grass.
But then it appears entire, on the wall of
sand that borders the lagoon. Moonlight on the water
showed it vivid against the sky.
Further back, she was watching me.
She began to sing a song. Worn out by
love, by terror, I knew her voice was creating
the secret half of the world.

De su regazo las pequeñas alimañas,
frutos y bestias mayores. Un bosque,
flores en el lago. Resplandece a través de la niebla
de una mañana. Reflejada en el agua
sólo ella aparece. Referida por entero
a sí misma, y a mí: su criatura.
Una brisa muy tenue sacude el círculo, el cristal
de cielo y agua. Yo le digo: *Quiero que me cantes.*

The little reptiles of her lap,
fruits, and bigger animals. A forest,
flowers in the lake. She shines through the fog
of morning. Only her reflection
in the water, only her. Related wholly
to herself, and me: her creature.
The thinnest of breezes shakes the circle, the crystal
of sky and water. I say to her: *I want you to sing to me.*

Navegábamos por un mar de arena.
El sol, espectralmente rojo teñía la aureola
de polvo que seguía a la nave. Un cielo de oro
sin una nube, sin un pájaro dándole vida.
Ella permanece erguida sobre sobre el puente, su
sola voluntad nos impulsa en el desierto.
Hace crecer un árbol desnudo en verde
para mí. Sé que es un regalo,
una sombra clara que me recuerde
la mitad de mi origen. Después cruzamos
el umbral. El signo de su silencio
se hizo silencio: me devoró suavemente
el resplandor de lo oscuro.

We were sailing through a sea of sand.
Ghostly red sunlight stained the nimbus
of dust that followed the ship. A sky of gold
without a cloud, without a bird to give it life.
She stands erect on the bridge, her
will alone drives us across the desert.
She makes a bare tree grow green
for me. I know it is a gift,
a clear shade that reminds me
of half my origin. Then we cross
the threshold. The sign of her silence
became silence; softly the shining
of the darkness devoured me.

La memoria:
        ¿territorio
        cuya migaja heredé?
–He perdido la memoria.
Una aurora boreal se expande
en la seda oscura.

Memory:
        vast holdings,
        my inheritance a crumb?
–I've lost the memory.
The Northern Lights unfold
across dark silk.

Parte 4 - Nadie entra aquí con las palabras

Señora de los Vientos
cabellera de serpientes
oro y fuego amalgamados

roce caliente de los bóreas
océano, oeste
y del sur el cierzo

Señora de los Vientos
dueña de los cuerpos
que bogan en un cielo
salvaje y corsario

En bodegas de proa
de vino y deseo
repletos los cántaros

Señora de los Vientos,
tierra de nadie,
vellocino de oro y naufragio

–Bajé el escudo, las armas, la máscara de jade
y casi desnuda le fui al encuentro.

Part 4 - Nobody Gets In Here With Words

Lady of Winds
snake-haired
fire and gold blended

warm rub of the north winds
ocean, west
and the south's zephyr

Lady of Winds
mistress of bodies
sailing through a wild
piratical sky

In prowed holds
flagons overflowing
with wine and desire

Lady of Winds
nobody's land,
fleece of gold and shipwreck

—I set down my shield, my weapons, my mask of jade
and all but naked went to face her.

Como arlequín danzó en palacio.
Maderas y terciopelo
cuerdas campanas de plata.
Vino oscuro de las fuentes y carne
sabrosa de las bestias
en suntuosas cacerías atrapadas.
Muslos y oro
senos y garganta de animal en la pelea.
Agua de miel bebida
en un lago donde queman
y enceguecen los ojos y los labios.
Nadie entra aquí con las palabras.
El cuerpo
heraldo
que cruza las edades
y corre veloz entre ciénagas
y bestias de presa.
Cabellera entretejida de plumas
latir de pies y corazón
que unen este reino a otro reino a otro reino.

She danced in the palace as a harlequin.
Timbers and velvets
Cords and silver bells.
Dark wine of the fountains and savory
meat of the game
taken on sumptuous hunting parties.
Thighs and gold
breasts and throat of an animal fighting.
Honeywater drunk
from a lake where eyes and lips
burn and are blinded.
Nobody gets in here with words.
The body
herald
crossing the ages
and running quick among marshes
and beasts of prey.
Long hair interwoven with feathers
thud of feet and heart
uniting this kingdom to another kingdom to another kingdom.

Gallardo portador de las pinturas
dispersadas en el viento
narrando gloria y desgracia
de amores y de guerras.

–¿Me sentís?
–¿Me estás tocando?
–Dejame entrar
–Dejame estar aquí para siempre

Ave plateada de las tormentas.
Entre la muerte y el deseo
los ojos se inmovilizan.
Arrojan escudos, armas, máscara de jade
y demoran en un cielo helado
las miradas.

Gallant carrier of the paintings
scattered on the wind
telling the glory and misery
of loves and wars

–Do you feel me?
–Are you touching me?
–Let me come in
–Let me be here forever

Silvery bird of the seawinds.
Between death and desire
the eyes stop moving.
They drop shield, weapons, jade mask
and hold the gazes locked
in a frozen sky.

En medio de la noche me despierta tu sueño,
el sueño donde estabas.
El cuerpo a medias entregado
lengua boca dedos
tienden los puentes
a la roca giratoria del deseo.
Tu abrazo en otro abrazo,
rosa de los senos donde mamo.
En medio de la noche
me despierto y repito *sacro sacro*
el pan ha sido devorado
la miel el vino y las cerezas.

In the middle of the night your dream wakes me,
the dream you were in.
The half-surrendered body
tongue mouth fingers
stretch bridges
towards the turning rock of desire.
Your embrace in another embrace,
rose of the breasts I suck.
In the middle of the night
I wake and repeat *holy holy*
the bread has been eaten
the honey the wine and the cherries.

Vida amorosa de los animales

A veces
todo es feroz:
el salto impecable
de los jaguares
clavando el diente. Latido y sangre.

A veces son jirafas.
Los enormes cuellos enlazándose
en una danza suave y lenta
mientras yace el sol
detrás de las aguadas.

O hipopótamos
de insobornable torpeza
con adorable fervor
apareándose en el barro.

Los pájaros monógamos, quizás,
volando parejos
en un horizonte de humo y polvo.

O manadas de elefantes galopando.
Las crías al centro
y al frente las hembras, magníficas,
abriéndose paso.

Continúa...

Love Life of the Animals

Sometimes
it's all ferocity:
the impeccable leap
of the jaguars
driving their teeth in. Throbbing and blood.

Sometimes it's giraffes.
Enormous necks entwining
in a slow smooth dance
while the sun hangs
behind the waterholes.

Or hippopotamuses
of unconquerable torpitude
with adorable fervor
coupling in the mud.

Possibly monogamous birds
flying wing to wing
along a horizon of smoke and dust.

Or herds of elephants galloping,
the young in the middle
and in front the females, magnificent,
clearing the way.

Continued...

A veces
el diminuto paramecio
que elige a otro paramecio
e intercambian los cuerpos,
los pedazos.

A veces hablándose,
con las palabras de pulpa
ardiente y suave
que dicen pezón pequeña
tocame o te amo.

Zarpa, huida veloz de los ciervos
a tu lado.

Sometimes
the tiny paramecium
that chooses another paramecium
and interchanges bodies
and bits.

Sometimes talking to each other
with pulpy words,
ardent and smooth,
that say nipple my sweetie
touch me or I love you.

Claw, swift deer's flight,
in your flank.

Isla

Suenan los buhos
de copa en copa
vegetal derramados.
No existe el viento.
Duermo en un lecho de musgo
en un sueño
donde despliega
su quieta redondez
la Isla de humus y de arena.
Medallón verde.
Hojas transparentes
y árboles como naves
que flotan en el cielo.

Amanece

La niebla demora
el nacimiento del mundo.
Fragmentos. Formas inacabadas
cuyo fin es el comienzo
y su comienzo la cara
inmóvil del final.
Veladuras de esmalte.
Cortejo de niños y de sombras
que vuelven al agua inicial.

Continúa...

Island

Owls spill
leafy calls
from treetop to treetop.
No wind exists.
I sleep on a moss bed
in a dream
where the Island of leafmold and sand
unfolds
its quiet roundness.
Green medallion.
Transparent leaves
and trees like ships
afloat in the sky.

Dawning

Fog delays
the birth of world.
Fragments. Unfinished forms
whose ending is beginning
and whose beginning the unmoving
face of the end.
Veilings of enamel.
Circles of children and shadows
going back to the primal water.

Continued...

Rumor de dedos y de uñas.
De colas asaetadas que vibran
se despiertan
ante el sordo fervor de las estrellas
calientes del día.

Arenas blancas. Polvo de seda.
Insectos redondos
y pintados cuyas alas
en pequeños carapachos se repliegan.

Entro al mar inmóvil.
Boca y ojos abiertos.
Profundo. Profundo.
No soy extraña para ellos.
Poseo la cualidad del pez.
De pólipo o flor
suspendida en el gesto
de la vida que desciende
a su contemplación y su deseo.

Tortugas.
Un mundo que se desliza
y salta. Lagartos, camaleones
iguanas y salamandras.
Un collar de rocas
pequeñas y ardientes.
Un collar de rocío en la sombra.

Continúa...

Noises of fingers and nails.
Of arrowy tails that vibrate
and waken
before the still heat of the burning
daystars.

White sands. Dust of silk.
Round spotted beetles
whose wings
fold into little shells.

I enter the unmoving sea.
Mouth and eye open.
Depths. Depths.
I am no stranger among them.
I possess the quality of fish,
of polyp or flower
suspended in the gesture
of life descending
to its contemplation and desire.

Tortoises.
A world that slithers
and hops. Lizards, chameleons,
iguanas, salamanders.
A necklace of little fiery stones.
A necklace of dew in the shadows.

Continued...

El árbol de las frutas
crece con mi hambre
y se disuelve
en la saciedad.
Senos redondos de oro oscuro.
Chupo, huelo y muerdo.
Todos los jugos, la carne
la suave superficie del hueso
replegada y tensa
en el cenit del deseo.

Una reverberación de fuego
el aire.
Pequeños heraldos de piel
y de plumas
surcan la tarde.
¿Pájaros?
¿Bestiarios
de hermosura y silencio
que aparecen
cuando el sol declina?

Continúa...

The fruit tree
grows with my hunger
and shrinks away
with fullness.
Round breasts of darkened gold.
I suck, and sniff, and bite.
All the juices, the flesh,
the smooth surface of the pit
manyfolded and tense
at the zenith of desire.

The air
a trembling of fire.
Little heralds of fur
and feathers
cleave the evening.
Birds?
Bestiaries
of beauty and silence
that come out
as the sun goes down?

Continued...

En el medio hay un claro.
Un círculo vacío y extenso
con pastos del sudán.
Solsticio permanente. Danza.
Cruzan ráfagas de púrpura.
Los pies, la cabeza
las palmas de las manos
sostienen y se desplazan
en la tierra. El resto
del cuerpo sigue a la pelvis
en su arco, su ascenso.
Todo acaba. Todo empieza.

Entro al Otro Mundo
en otro mundo.
Follajes de agua dorada.
Terror del deseo
Embriaguez del deseo
Filigranas vivas que van del amarillo
al rojo, al naranja.

Por fin oscuro y lento.
Sin respuestas, sin palabras.
A proa de un bajel inmóvil,
Ánima: Señora del amor
y de la muerte
surcando el cielo.

Continúa...

In the middle is a clearing.
A wide empty circle
with pastures of sudan-grass.
Everlasting solstice. Dance.
Gusts of purple flash across.
The feet, the head,
the palms of the hands
support and change places
on the earth. The rest
of the body follows the pelvis
in its arch, its ascension.
Everything ends. Everything begins.

I enter the Other World
in another world.
Foliage of golden waters.
Terror of desire
Intoxication of desire
Living filigrees that go from yellow
to red, to orange.

Obscure and slow at last.
Without answers, without words.
In the prow of an unmoving boat
Soul: Lady of love
and of death
cleaving the sky.

Continued...

¿Habitante o habitada?
Estuco y sangre.
Fuego alterado en la memoria
de la especie.

Isla. Umbral. De sueño el sueño
y la trama.

a Griselda Gambaro
y Juan Carlos Distéfano
a Graciela

Dweller or dwelt in?
Stucco and blood.
A changed fire
in the memory of our kind.

Island. Threshold. From dream the dream
and the weaving.

to Griselda Gambaro
and Juan Carlos Distéfano
to Graciela

Silk Days

By Ursula K. Le Guin

Días de Seda

De Ursula K. Le Guin

Traducido por Diana Bellessi

1

Invocation

Give me back my language,
let me speak the tongue you taught me.
I will lie the great lies in your honor,
praise you without naming you,
obey the laws of darkness and of metrics.
Only let me speak my language
in your praise, silence of the valleys,
north side of the rivers,
third face averted,
emptiness!
Let me speak the mother tongue
and I will sing so loudly
newlyweds and old women
will dance to my singing
and sheep will cease from cropping and machines
will gather round to listen
in cities fallen silent
as a ring of standing stones:
O let me sing the walls down, Mother!

1

Invocación

Devuélveme mi lengua,
déjame hablar la lengua que me enseñaste.
Diré las grandes mentiras en tu honor,
alabándote sin nombrarte,
obedeciendo las leyes de la oscuridad y de la métrica.
Sólo déjame hablar mi lengua
en tu alabanza, silencio de los valles,
ribera norte de los ríos,
tercera cara esquiva,
¡vacío!
Déjame hablar la lengua materna
y cantaré tan fuerte que
las recién casadas y las viejas
bailarán al ritmo de mi canto
y las ovejas cesarán de pastar y las
máquinas se reunirán para oír
en ciudades silentes
como un anillo de piedras erguidas:
¡Oh déjame tumbar las paredes cantando, Madre!

2

Translation

As you get older
hard things mean more,
soft less, maybe.
You can read granite:
Renounce.
Diamonds? Get ready.

Dead languages.

You can read water.
Now what?
Walk on it?

Drink, sweet lady.

2

Traducción

Cuando envejeces
lo duro tiene más sentido,
lo suave menos, tal vez.
Puedes leer granito:
Renuncia.
¿Diamantes? Prepárate.

Lenguas muertas.

Puedes leer agua.
¿Ahora qué?
¿Caminas sobre ella?

Bebe, dulce dama.

3

Tale

Where did I get this middle eye?
So you can see me clear.
Where did I get these extra arms?
To hug me with my dear.

What have I got these big teeth for?
Bite off my head my sweet
And dance upon my body
There where the rivers meet.

3

Cuento

¿Dónde conseguí este ojo del centro?
Así puedes verme mejor.
¿Dónde conseguí estos brazos extra?
Para abrazarme mejor.

¿Para qué tengo estos enormes dientes?
Muérdeme la cabeza mi dulce
y baila sobre mi cuerpo
allí donde los ríos se encuentran.

4

Epiphany

Did you hear?

Mrs. Le Guin has found God.

Yes, but she found the wrong one.
Absolutely typical.

Look, there they go together.
Mercy! It's a colored woman!

Yes, it's one of those relationships.
They call her Mama Linga.

Why does Jesus always wear a rag?

I don't know; ask his mother.

4

Epifanía

¿Escuchaste?

La señora Le Guin ha encontrado a Dios.

Sí, pero encontró al equivocado.
Absolutamente típico.

Mira, allí van juntos.
¡Piedad! ¡Es una mujer de color!

Sí, es una de esas relaciones.
La llaman Mama Linga.

¿Por qué Jesús usa siempre un trapo?

No sé; pregúntale a su madre.

5

School

The Dancing Master advances
with propriety, stepping neatly.
Elegant sobriety.
Admirably suave.

O my God! His zipper!
What is that thing? A cobra?
It wags at me so sweetly.
Quick! Put it back inside!

Cummerbund won't cover it.
Nothing hides it completely.
Black tie and gaping pants,
the Dancing Master laughs.

They say he uses cannabis.
I wouldn't trust my daughter
at his school.
            O but how sweetly,
sweetly he can dance!

5

Escuela

El Maestro Bailarín avanza
con decoro, marcando el paso hábilmente.
Sobriedad elegante.
Admirablemente fino.

¡Oh mi Dios! ¡Su cierre!
¿Qué es eso? ¿Una cobra?
Se menea hacia mí tan dulcemente.
¡Rápido! ¡Guárdalo otra vez adientro!

La faja no lo ocultará.
Nada lo cubre completamente.
Corbata negra y pantalones extensos,
el Maestro Bailarín se ríe.

Dicen que usa cannabis.
No confiaría a mi hija
en esta escuela.
           ¡Oh pero qué dulce
dulcemente puede bailar!

6

The Marrow

There was a word inside a stone.
I tried to pry it clear,
mallet and chisel, pick and gad,
until the stone was dropping blood,
but still I could not hear
the word the stone had said.

I threw it down beside the road
among a thousand stones
and as I turned away it cried
the word aloud within my ear,
and the marrow of my bones
heard, and replied.

6

La Médula

Había una palabra en la piedra.
Intenté atisbarla,
mazo y punzón, pico y cincel,
hasta que la piedra goteó sangre,
pero aún no pude oír
la palabra que decía la piedra.

La arrojé junto al camino
entre cientos de piedras
y cuando me di vuelta gritó
fuerte la palabra en mi oreja,
y la médula de mis huesos
oyó, y respondió.

7

The Maenads

Somewhere I read
that when they finally staggered off the mountain
into some strange town, past drunk,
hoarse, half-naked, blear-eyed,
blood dried under broken nails
and across young thighs,
but still jeering and joking, still trying
to dance, lurching and yelling, but falling
dead asleep by the market stalls,
sprawled helpless, flat out, then
middle-aged women,
respectable housewives,
would come and stand nightlong in the agora
silent
together
as ewes and cows in the night fields,
guarding, watching them
as their mothers
watched over them.
And no man
dared
that fierce decorum.

Las Ménades

En algún lado leí
que cuando ellas bajaban de la montaña al fin, tambaleándose
hasta alguna aldea extraña, borrachas,
roncas, semidesnudas, los ojos turbios,
la sangre seca bajo las uñas rotas
y entre los muslos jóvenes también,
aún burlándose y bromeando, aún queriendo
bailar, bamboleándose y gritando, pero cayendo
muertas de sueño junto a los puestos del mercado,
tendidas en el suelo, indefensas por completo, entonces
las mujeres de mediana edad,
respetables amas de casa,
vendrían a quedarse la noche entera en el ágora
silenciosas
juntas
como ovejas y vacas en los campos nocturnos,
guardándolas, velándolas
como sus madres
lo hicieran.
Y ningún hombre
osó
aquel feroz decoro.

8

Apples

Judeochristian men should
not be allowed
to eat apples, they
have been bellyaching
for millennia
that my mother made
them eat an apple
that gave them a bellyache.
From now on only women
eat apples. Also
nonjudeochristian men
if they can do it
without whining. Also
children if their mother
says so or if they can
steal them and
get away with it.

And if a woman wants
she is to wear snakes
for bracelets
and her hair
is to hiss at any man
who cannot resist her
and strike him so he falls

Continued...

8

Manzanas

Los hombres judeocristianos
no pueden
comer manzanas, se han
estado quejando
durante milenios
de un dolor de panza
por la manzana
que les dio mi madre.
Desde entonces sólo las mujeres
comen manzanas. También
los hombres no
judeocristianos si pueden
hacerlo sin quejarse. También
los niños si sus madres
los dejan o si ellos pueden
robarlas y
huir con ellas.

Y si una mujer desea
usará serpientes
de brazaletes y su cabellera
habrá de silbarle
a cualquier hombre
que resistirla no pueda
y golpearlo hasta que caiga

Continúa...

stone stiff and gets stuck
into a glass coffin
like a bank
and nobody will come to kiss him.
But the snakes
coiling down from round arms
across the baby's head
and the milky nipples,
will be fed
with apples.

rígido como piedra
y quede atascado
en un ataúd de cristal
como sucursal bancaria
y nadie vendrá a besarlo.
Pero las serpientes
desenroscándose de los brazos
redondos sobre la cabeza del bebé
y los pezones lechosos,
serán alimentadas
con manzanas.

9

To Saint George

Woman is worm.
Toothless and trodden-on
earthworm, leaven of garden.
She knows the tongueworm
and bigbrother cockworm
and heartworm. She knows
the wombworm
nestling within her.
She knows beginnings
and undersides. She knows
the oneworm, the roundworm
unending, hollow, all, egg,
being the dragon.
Saint, better get her
before she talks.

9

A San Jorge

La mujer es el gusano
sin dientes y pisoteado
gusano de tierra, levadura del jardín.
Conoce la lengua gusano
y al gran hermano gallo-gusano
y corazón gusano. Conoce
el vientre gusano
anidado en ella.
Conoce el principio
y el lado de abajo. Conoce
al uno gusano, al gusano redondo
sin fin, hueco, huevo, todo,
siendo el dragón.
Santo, mejor la atrapas
antes que tenga voz.

Dos Poesías Para Mi Diana

I came back to the island. I rented a little and precarious cabin, not far from the place where I lived for six years. The house seems to be at a point of falling at any moment. But will not do it. I will keep to stay her there, on the water-land. I love the place, in the border of the forest, poplars and palms surrounding, and so many birds crossing the space...I bring the child in my ear.

Diana's letter of 10 September 1984

The Twins

Tiny dream children,
soulchildren,
silver and turquoise,
very old children.

One in your ear like a whisper
under the tawny hair,
by the river in the shadow of palms
and shadow of poplars.

One in the prow of a toy canoe,
a soulboat of the Yurok,
with four stones from the world's corners,
and one from the middle.

Continued...

10

Dos Poesías Para Mi Diana

I came back to the island. I rented a little and precarious cabin, not far from the place where I lived for six years. The house seems to be at a point of falling at any moment. But will not do it. I will keep to stay her there, on the water-land. I love the place, in the border of the forest, poplars and palms surrounding, and so many birds crossing the space...I bring the child in my ear.

Carte de Diana del 10 de Septiembre de 1984

Las Gemelas

Diminutas niñas del sueño,
niñas almas,
plata y turquesa,
niñas tan antiguas.

Una en tu oreja como un susurro
bajo el leonado pelo,
en la sombra de álamos y la sombra
de palmas sobre el río.

Una en la proa de un juguete,
alma canoa de los Yurok,
con cuatro piedras en las esquinas
del mundo y una en el centro.

Continúa...

Listen to the river
that whispers to your cabin!
It is the sweet cold Klamath
flashing with salmon, under the redwoods.
North, north, the child is calling.

And the redwood boat
carries its passenger rocking
past my sleep on the deep waters
of the Paraná...
South, south, the child is calling.

The Dream

I am in the dream of the puma,
in the night of the huntress,
the darkness the color of gold.

I have lost my way and wander
in terror beside the bloodstreams
in the shadows between rivers.

All ways are the right way
in the dream of the puma, the pampas,
the forests, the flowers, the freedoms,
the darkness the color of gold.

¡Escucha al río
que susurra a tu cabaña!
Es el frío y dulce Klamath
que relumbra con salmones, bajo las sequoias.
Norte, norte, la niña llama.

Y el bote de sequoia carga
su pasajera acunando
mi sueño sobre las aguas
hondas del Paraná...
Sur, sur, la niña llama.

El Sueño

Soy en el sueño del puma,
en la noche de la cazadora,
la oscuridad el color del oro.

He perdido mi senda y vago
junto a los flujos de sangre
aterrada entre los ríos.

Todas las sendas son la senda
recta en el sueño del puma, las pampas,
los bosques, la libertad, las flores
la oscuridad el color del oro.

The House of the Spider: A Spell to Weave

He rides by, the rider,
the hunter,
the cunter.
Grandmother, hide her.

He rides past, the master,
has passed her,
has lost her.
Hang quiet, spider.

Good riddance the rider!
The spinster,
the sister,
live here beside her.

They are together,
the brother,
no other.
Here at the center.

La Casa de la Araña: Un Sortilegio para Tejer

Cabalga, el jinete
cazador,
vencedor.
Abuela, ocúltala.

Cabalga lejos, el maestro,
la ha pasado,
la ha olvidado.
Araña, cuelga quieta.

¡Buena cabalgata al jinete!
La hilandera,
la hermana,
viven aquí, con ella.

Están juntos,
el hermano,
el humano.
Aquí en el centro.

12

Old Bag

Officer officer
I lost my bag

Put it down somewhere lady?

no no
they took it

Got a description?

they were nice young men
I think
but they didn't
but when I
they'd already thrown it away

What was in it?

Trouble.
It was just an old one
catch wouldn't even fasten
no good any more but when I was rich
you know
think what was in it

Lady are you reporting something stolen?

no I can't seem to tell you
why I want to tell you
about my children

La Bolsa Vieja

Oficial oficial
perdí mi bolsa

¿La puso en algún lugar señora?

no no
la agarraron

¿Tiene una descripción?

eran jóvenes agradables
creo
pero ellos no
pero cuando yo
la arrojaron lejos

¿Qué había ella?

Problemas.
Era vieja
el broche ni siquiera cerraba
ya no servía pero cuando era rica
sabe
imagínese lo que guardaba

Señora ¿reporta algo robado?

no, parece que no puedo contarle
por qué quiero contarle
de mis hijos

13

The Woman with the Shopping Cart
Who Sleeps in Doorways

Shawled in plastic,
you push on past,
grey eyes staring
under grey hair.

I know how to
just look through you
like cold water
running through air.

But you rise up
in my mind's eye
at home, later.
I see you clear.

And what I own,
you've got in
your shopping cart.
Look at it there.

13

La Mujer con el Changuito que Duerme en los Umbrales

Envuelta en plástico
pasas de largo,
grises ojos mirando fijo
bajo el pelo gris.

Sé como mirar
justo a través de ti
como agua helada
que corre a través del aire.

Pero tú te alzas
en el ojo de mi mente
más tarde, en casa.
Te veo clara.

Y lo que poseo,
lo has metido en
tu changuito.
Fíjate allí.

14

His Daughter

His daughter,
the visionary warrior, the silent man
of whom there is no photograph,
the true fragile hero
who lost what he won as he won it
through massacre to sacrifice,
this man, Crazy Horse, his daughter,
what became of her?
            She died a child.
            After that there were no victories.
What was her name, that child?
            Her father named her.
            He gave her this name:
            They Will Fear Her.

14

Su Hija

Su hija,
el guerrero visionario, el hombre silencioso
de quien no hay fotos,
el frágil héroe verdadero
que perdió lo que ganó mientras lo ganó
por la masacre y el sacrificio,
este hombre, Caballo Loco, su hija,
¿qué se hizo de ella?
      Murió de niña.
      Después de eso no hubo victorias.
¿Qué nombre tenía, esa niña?
      Su padre la nombró.
      Le dio este nombre:
      Ellos La Temerán.

15

The Menstrual Lodge

Accepting the heavy destiny of power,
I went to the small house when the time came.
I ate no meat, looked no one in the eye,
and scratched my fleabites with a stick:
to touch myself would close the circle
that must be open so a man can enter.
After five days I came home,
having washed myself and all I touched and wore
in Bear Creek, washed away the sign,
the color, and the smell of power.

It was no use. Nothing,
no ritual or servitude or shame,
unmade my power, or your fear.

You waited in the thickets in the winter rain
as I went alone from the small house.
You beat my head and face and raped me
and went to boast. When my womb swelled,
your friends made a small circle with you:
We all fucked that one.
Who knows who's the father?

Continued...

La Cabaña Menstrual

Aceptando el pesado destino del poder,
fui a la pequeña casa cuando llegó el tiempo.
No comí carne, no miré a nadie a los ojos,
y me rasqué las picaduras con una rama:
tocarme cerraría el círculo que debe
quedar abierto para que un hombre pueda entrar.
Después de cinco días volví a casa,
habiéndome lavado y a todo lo que toqué y vestí
en el Río Oso, borrado el signo,
el color y el olor del poder.

Fue inútil. Nada,
ni ritual o servidumbre o vergüenza
deshace mi poder, o tu miedo.

Esperaste en la espesura en la lluvia de invierno
mientras salía sola de la pequeña casa.
Me golpeaste la cabeza la cara me violaste
y fuiste a alardear. Cuando mi vientre engrosó,
tus amigos hicieron un círculo pequeño contigo:
   Todos la cogimos.
   ¿Quién sabe quién es el padre?

Continúa...

By Bear Creek I gave birth, in Bear Creek
I drowned it. Who knows who's the mother?
Its father was your fear of me.

I am the dirt beneath your feet.
What are you frightened of? Go fight your wars,
be great in club and lodge and politics.
When you find out what power is, come back.

I am the dirt, and the raincloud, and the rain.
The walls of my house are the steps I walk
from day of birth around the work I work,
from giving birth to day of death.
The roof of my house is thunder,
the doorway is the wind.
I keep this house, this great house.

When will you come in?

Junto al Río Oso parí, en Río Oso
lo ahogué. ¿Quién sabe quién es la madre?
Su padre fue tu miedo de mí.

Soy el barro bajo tus pies.
¿Qué temes? Ve a pelear tus guerras,
sé grande en el club, la logia y la política.
Cuando descubras qué es el poder, regresa.

Soy el barro, la nube de lluvia y la lluvia.
Los muros de mi casa son los pasos que camino
desde el nacer, sobre el trabajo yo trabajo,
desde parir hasta morir.
El techo de mi casa es trueno,
el umbral es el viento.
Yo guardo esta casa, la gran casa.

¿Cuándo entrarás aquí?

16

For Hélène Cixous

"Je suis là où ça parle"

I'm there where
it's talking
Where that speaks I
am in that talking place
                Where
that says
my being is
        Where
my being there
is speaking
I am
     and so
laughing
in a stone ear

16

Para Hélène Cixous

"Je suis là où ça parle"

Estoy allí donde
se habla
Donde eso habla yo
estoy en ese lugar de habla
                    Donde
eso dice
está mi ser
        Donde
mi ser allí
está hablando
soy
        y así
riendo
en una oreja de piedra

17

Silence

I had a little naked thought
slipped out between my thighs
and ran before it could be caught
and flew without having been taught,
O see how quick it flies!
My baby thought, my little bird
all rosy naked goes.
I must sew word to word to word
and button up its clothes
and so it grows and walks and talks and dies.
When I am dead look for the rose
that grows between my eyes.
Birds will perch on leaf and thorn,
silent birds to silence born.

17

Silencio

Tuve un pequeño pensamiento desnudo
se deslizó entre mis muslos
y corrió sin que lo cazaran
y voló sin que le enseñaran,
¡Oh mira qué veloz vuela!
Mi pensamiento bebé, mi pequeño
pájaro rosado y desnudo va.
Debo coser palabra a palabra a palabra
y cerrarle la ropa
y así crece y camina y habla y muere.
Cuando muera busca la rosa
que crece entre mis ojos.
Los pájaros se posarán sobre espina y hoja,
pájaros silenciosos nacidos para el silencio.

18

For the New House

May this house be full of kitchen smells
and shadows and toys and nests of mice
and roars of rage and waterfalls of tears
and deep sexual silences and sounds
of mysterious origin never explained
and troves and keepsakes and a lot of junk
and a flowing like a warm wind only slower
blowing the leaves of trees and books and the fish-years
of a child's life silvery flickering
quick, quick in the slow incessant gust
that billows out the curtains a moment
all those years from now, ago.
May the sills and doorframes
be in blessing blest at every passing.
May the roof but not the rooms know rain.
May the windows know clearly
the branch and flower of the apple tree.
And may you be in this house
as the music is in the instrument.

18

Para la Casa Nueva

Que esta casa pueda llenarse de los olores de la cocina
y de sombras y juguetes y nidos de ratones
y rugidos de furia y cascadas de lágrimas
y hondos silencios sexuales y sonidos
de origen misterioso nunca explicados
y tesoros y regalos y un montón de desechos
y un flujo como un viento cálido pero más lento
soplando las hojas de los árboles y libros y años
de pez de la vida de un niño revoloteando plateados
rápido, rápido en la lenta ráfaga incesante
que ondula las cortinas un momento
todos esos años desde ahora, hacia atrás.
Que puedan los umbrales y los marcos bendecidos
bendecir a cada paso.
Que puedan los techos pero no los cuartos conocer la lluvia.
Que las ventanas conozcan claramente
la rama y la flor del manzano.
Y que podáis estar en esta casa
como la música está en el instrumento.

19

The Light

The light is eating me
and has eaten my Peruvian   letter by letter,
as it ate the horses   word by word.
of my childhood.
It has eaten   By answering strangers,
the spare parts of my soul   by displacing anger,
and the planetshadows
I used to hide in.   and by good works
I feed the sharks.

It has eaten bone
and opal.   Not faith and not good works
but good work only
It is eating syntax.   casts a shadow.
It has left me only   How shall I do that?–
an old woman talking
in a dark house.

19

La Luz

La luz me está comiendo
y ha comido mi Peruano   letra a letra,
como comió los caballos   palabra a palabra.
de mi niñez.
Ha comido   Al responder a extraños,
los espacios libres de mi alma   al desplazar la furia,
y las sombras de los planetas
donde me ocultaba.   y al hacer buenos trabajos
alimento a los tiburones.

Ha comido hueso
y ópalo.   Ni fe ni buenos trabajos
sino el buen trabajo solamente
Se come la sintaxis.   lanza una sombra.
Sólo me ha dejado   ¿Cómo haré eso?—
una mujer vieja hablando
en una casa oscura.

20

Silk Days

Boat-prow poking close to the
buttons, or wide scythe sweeps
across the back acres, or
cat-nosing up into a pleat:
it reminds me. I like
getting it
right, smooth,
the sleeves keen-creased.

Ironing smells like ironing.
It isn't really like
anything. Doesn't need
a simile.
Has its own equipment.

My great-aunt taught me:
sprinkler-bottle, rolled up half an hour,
wetfinger hiss-test,
hem-nudging, care on the collar.
In ten minutes, on a mangle,
she could do a dress shirt.
It can be an art.

Continued...

Días de Seda

La proa del bote asomándose cerca de
los capullos, o una ancha guadaña que
barre los terrenos del fondo, o
el husmear del gato en un pliegue:
me lo recuerda. Me gusta
hacerlo
bien, suave,
las mangas dobladas finamente.

Planchar huele a planchar.
No se parece a
nada. No necesita
un símil.
Tiene su propio equipaje.

Mi tía abuela me enseñó:
rociador, enrollar por media hora,
prueba de silbo con el dedo húmedo,
golpear suavemente el dobladillo y
cuidado con el cuello.
En diez minutos, sobre una planchadora
a rodillo podía
hacer una camisa de etiqueta.
Puede ser un arte.

Continúa...

It used to be hard work,
no time, all cotton, all the kids.
These days I go in silk,
Empress of China, wash and iron
when I choose to,
pleasuring, getting it
right, a good job,
easy going,
smooth as silk.

Supo ser un arduo trabajo,
sin tiempo, todo algodón, todos los niños.
Ahora visto de seda,
Emperadora de China, lavo y plancho
cuando quiero,
gozando, haciéndolo
bien, un buen trabajo,
voy tranquila,
suave como seda.

21

My People

In my country, they throw underhand
so balls fly up like birds or bubbles
before they come down to the catcher.
   Lightboned and broadhipped,
they carry children
for a while in their bellies
before they bear them in their arms.
This is the custom of my people.
   In the years of the great ceremonies
they celebrate with milk-giving
and liberate with blood-losing.
They are skilled in their generation.
   Few of them, even the wisest,
have money or a great name,
but they are a great people.
   Even after long servitude
in the foreign country,
they know one another, they take hands,
they kiss, they sing their songs together,
the soft voices getting louder:
lovesongs, songs about freedom,
songs about throwing and catching,
carrying, bearing, and burying
the songs that only my people
know all the words of.

Mi Gente

En mi país las lanzan por debajo
para que las pelotas vuelen como burbujas o pájaros
antes de descender a quien las recoge.
    De huesos delicados, caderas anchas,
llevan a los niños
por un rato en sus vientres
antes de cargarlos en sus brazos.
Es la costumbre de mi gente.
    En años de grandes ceremonias
celebran con la ofrenda de la leche
y se liberan con la pérdida de sangre.
Son expertas en su generación.
    Pocas, ni siquiera las más sabias,
tienen dinero o un gran nombre,
pero es gente admirable.
    Aún bajo larga servidumbre
en países extraños,
se conocen una a otra; estrechan sus manos,
se besan, cantan sus canciones juntas,
las voces suaves alzándose más fuertes:
canciones de amor, canciones de libertad,
canciones que hablan de lanzar y recoger,
de cargar, criar y enterrar,
canciones de las que sólo mi gente
conoce todas las palabras.

22

Ariadne Dreams

The beat of sleep is all my mind.
I am my rhyme. I wind the ball
deeper and deeper in the maze
to find the meeting of the ways,
to find before the hero finds
the prisoner of the Labyrinth,
the horn-crowned horror at the end
of all the corridors, my friend.
I lead him forth. He kneels to graze
where grass grows thick above the tomb
and the light moves among the days.
The hero finds an empty room.
I seek my rhyme. I dance my will,
vaulting the wide horns of the bull.
The waves beat. What woman weeps
on the far seacoast of my sleep?

22

Sueños de Ariadna

El batir del sueño es toda mi mente.
Soy mi ritmo. Ovillo mi madeja
más y más profundo en el laberinto
para hallar la juntura de los caminos,
para hallar antes que el héroe lo encuentre
al prisionero del laberinto,
al horror coronado de cuernos al fin
de todos los corredores, mi amigo.
Lo guío lejos. El se arrodilla para pacer
donde la hierba crece espesa sobre la tumba
y la luz se mueve entre los días.
El héroe encuentra un cuarto vacío.
Busco mi ritmo. Danzo mi deseo,
saltando los anchos cuernos del toro.
Baten las olas. ¿Qué mujer llora en la lejana
costa marina de mi sueño?

23
Fragments from the Women's Writing

In the 1980s, a Chinese linguist discovered a group of elderly women in Hunan who used an ancient script, written and read exclusively by women, which "uses an inverted system of grammar and syntax very different from Chinese." The writing resembles oracle bone carvings from the Shang dynasty (sixteenth century B.C.) and writing of the Chin dynasty (third century B.C.). Local women believe the script, which mothers taught their daughters at home, was invented by a Song dynasty concubine to relieve her loneliness, but Professor Gong Zhibing thinks the language, too complex to be the creation of one person, is a relic of writing systems lost when Chinshi Huangdi, the First Emperor, united China in 221 B.C. Chinshi Huangdi unified Chinese writing by forbidding the use of all scripts except his official "small seal" characters. Men learned the new official writing. Women, barred from schools, kept the old script alive in private.

Most of the writing is poetry, autobiography, letters, and songs. Girls would form sworn-sister relationships, "using the script to document their bonds and correspond with one another long after they were grown and married. Few of the writings have survived, because the women asked that all their writings be burned when they died, so that they could read their favorite works in the afterlife." Professor Gong met two women in their eighties still able to read and write the language. The only surviving members of a seven-member sworn-sister "family," the two had burned all the copies of a third sister's writings when she died.

I read the information above in a clipping from *The China Daily* of Beijing, and wrote the following imaginary translations in 1992. Since then I have seen a publisher's announcement of genuine translations of the women's writing.

Daughter: these are the characters
forbidden by the Emperor.
These are the bone words,
the cracks on the under-shell.
This is the other grammar.

Continued...

Fragmentos de la Escritura de Mujeres

Durante los años ochenta, un lingüista chino descubrió a un grupo de mujeres de avanzada edad que usaban una antigua caligrafía, escrita y leída exclusivamente por mujeres; la misma "usa un sistema invertido de gramática y sintaxis muy diferente del chino". Los caracteres recuerdan al oráculo de hueso labrado de la dinastía Shang (siglo VI a.C.) y a los de la dinastía Chin (siglo III a.C.). Las mujeres del lugar creen que la caligrafía, enseñada por las madres a sus hijas en el hogar, fue inventada por una concubina de la dinastía Song, para calmar su soledad, pero el profesor Gong Zhibing piensa que el lenguaje, demasiado complejo para ser la creación de una sola persona, es una reliquia de los sistemas de escritura perdidos cuando Chinshi Huangdi, el Primer Emperador, unió a China en el 221 a.C. Chinshi Huangdi unificó la escritura china mediante la prohibición del uso de todos los lenguajes escritos, excepto su "pequeño sello" oficial de caracteres. Los hombres aprendieron la nueva escritura oficial. Las mujeres, apartadas de la escuela, guardaron la antigua escritura en privado.

La mayor parte de los textos son poemas, autobiografías, cartas y canciones. Las muchachas habrían formado sororidades de juramento, "usando la caligrafía para documentar sus lazos y corresponderse mutuamente durante muchos años después de haber crecido y haberse casado. Pocos textos habrían sobrevivido porque las mujeres pedían que todos sus escritos fueran quemados al morir, así podrían leer sus trabajos favoritos en la otra vida. El profesor Gong se reunió con dos mujeres de alrededor de ochenta años que aún podían leer y escribir el lenguaje. Unicas sobrevivientes de una "familia" de siete hermanas de juramento, ambas habían quemado todas las copias de una tercera hermana en la escritura, cuando ésta murió.

Leí la información anterior en un recorte del *The China Daily* de Beijing, y escribí estas traducciones imaginarias en 1992. Más tarde he visto un anuncio editorial de las traducciones genuinas de esta escritura de mujeres.

Hija: éstos son los signos
prohibidos por el Emperador.
Estas son las palabras de hueso,
grietas en el dorso de las conchas.
Esta es la otra gramática.

Continúa...

Sister: I document our bond
and correspond to you
finger to finger, eye to eye.

❧

Unwrap the old silk very slowly.

❧

Daughter: write in milk,
as I did. Hold it to the fire
to make the words appear.

❧

Sister: still my sleeves are dry,
but I saw a dark moon this autumn
a long way down the river.

❧

My Lord was angry till I told him
it was my laundry list.
He laughed then, "Hen scratchings!"
and I laughed.

❧

Daughter: learn the language upside down,
inverted in the turtle's eye.
Use the bones for soup.

Continued...

Hermana: documento nuestro lazo
y te correspondo
dedo a dedo, ojo a ojo.

Desenvuelve la vieja seda muy lentamente.

Hija: escribe con la leche,
como yo lo hice. Acércala al fuego
para que aparezcan las palabras.

Hija: aún mis mangas están secas de lágrimas,
pero este otoño vi una luna oscura
río abajo, muy lejos.

Mi señor se puso furioso mas le dije
que era mi lista de lavandería.
Entonces rio. "¡Garabatos de gallina!"
y yo reí.

Hija: aprende el lenguaje del revés,
invertido en los ojos de la tortuga.
Usa los huesos para hacer la sopa.

Continúa...

An army of men
of heavy red pottery
under the hill by the river
where we do the laundry.

Sister: His thighs are jade
and his staff a stiff bamboo,
but there's nobody here to talk to.

Do not burn all your songs, mother,
much as you may love them.
How can I sing smoke?
Leave me the one about autumn.

Sister: This form is my own.
I live inside these words
as the turtle in its shell,
as the marrow in the bone.

Sisters: This is a colder mountain
than the tiger's, and the bones
say only snow is falling.

Continued...

Un ejército de hombres
de cerámica pesada y roja
bajo la colina junto al río
donde lavamos la ropa.

Hermana: Sus muslos son de jade
y su vara un bambú erguido,
pero no hay nadie para hablar aquí.

No quemes todas tus canciones, madre,
por mucho que las ames.
¿Cómo cantaré el humo?
Déjame la del otoño.

Hermana: Esta forma es mía.
Vivo en estos versos
como la tortuga en su concha,
como la médula en el hueso.

Hermanas: Esta es una montaña
más fría que la del tigre, y los huesos
sólo dicen la nieve está cayendo.

Continúa...

Daughters: Keep my embroideries,
send my life after me.
My autobiography was the turtle's under-shell,
the small cracks in bones,
a silken thread, a drop of milk.
A life too vast
for the little writing of the Emperor.

I crack each word of your letter
and suck its sweetness.
How it will sing in the fire!

Sisters: Burn me, burn me,
let the snow fall in the river!

Mother: I entered college as a man
but they exposed my body
and wrote their small words on it
till it shrank to shadow.
I put on the turtle's shell
and crawled into the fire.
In the cracked oracle
you can read that the Empire
will fall.

Continued...

Hijas: Guarden mis bordados,
envíen mi vida tras de mí.
Mi autobiografía está en el dorso
de la concha de tortuga,
las pequeñas grietas en los huesos,
un hilo de seda, una gota de leche.
Una vida demasiado vasta
para la escritura estrecha del Emperador.

Abro cada palabra de tu carta
y mamo su dulzura.
¡Cómo cantará en el fuego!

Hermanas: ¡Quémenme, quémenme,
dejen la nieve caer en el río!

Madre: Entré al colegio como un hombre
pero exhibieron mi cuerpo
y lo escribieron con sus estrechas palabras
hasta que se contrajo en sombra.
Me puse la concha de la tortuga
y repté hacia el fuego.
En el agrietado oráculo
puedes leer que caerá
el Imperio.

Continúa...

Our characters
have always been forbidden.
Will the last daughters
unroll the silk kept secret
through all the dynasties,
or turn our words to fire?

Sister: I am lonely. Write.

Nuestros signos
fueron siempre prohibidos.
Las últimas hijas
¿desplegarán el secreto
oculto en la seda a través
de todas las dinastías,
o volverán fuego nuestras palabras?

Hermana: Estoy sola. Escribe.

The Queen of Spain, Grown Old and Mad, Writes to the Daughter She Imagines She Had by Christopher Columbus

Most beautiful,
I disclaim you.
You are not my new found land
nor my Hesperides
nor my America.
You are not mine
and I do not name you.
    I tear up the map
of the world of you
that had your rivers
in the wrong places,
imaginary mountains,
false passes leading my expeditions
to quicksands,
cannibals, jaguars.
    Most truthful,
I disown you:
I do not own you.
Truly, I have never known you.

Continued...

La Reina de España, Vieja y Loca, Escribe a la Hija Que Imagina Ha Tenido con Cristóbal Colón

Más bella,
te reniego.
No eres mi nueva tierra descubierta
ni mi Hespérides
ni mi América.
No eres mía
y no te nombro.
    Desgarro el mapa
de tu mundo
que tiene tus ríos
en lugar equivocado,
montañas imaginarias,
pasajes falsos que conducen mis correrías
hacia arenas movedizas,
caníbales, jaguares.
    Más veraz,
te niego:
no te poseo.
En verdad, nunca te conocí.

Continúa...

When you tell me
who you are
I will call you by that name.
When you tell me
where you are
my compass will point there.
When you tell me
of your prairies, your sierras,
I will see them in the blue air
above the western sea.
      O golden Peru,
treasure never mine,
most beautiful, most true!
Between us
is neither forgiveness
nor reparation
but only the sea waves, the sea wind.
      If ever you send
across the sea,
bells will be rung
in the old towers
and the Te Deum sung.
Crowned, jeweled, furred,
I will come forward:
Tell me, my Lord Ambassadors!
from the New World
what word, what word?

Cuando me digas
quién eres
te llamaré por ese nombre.
Cuando me digas
dónde estás
mi compás apuntará allí.
Cuando me digas
de tus praderas, tus sierras,
las veré en el aire azul
sobre el mar del oeste.
      Oh Perú dorado,
tesoros nunca míos,
más bello, más verdadero!
Entre nosotras
no hay reparo
ni perdón
sólo las olas del mar, el viento del mar.
      Si alguna vez te lanzas
a través del mar,
se harán sonar campanas
en las viejas torres
y cantar el Te Deum.
Coronada, envuelta en pieles,
enjoyada, me adelantaré:
¡Decidme, mis Señores Embajadores!
del Nuevo Universo
¿algún verso, algún verso?

861
BEL   Bellessi, Diana

The twins, the
dream--two voices

$16.95